JN090547

女性の視点でつくる ジェンダー平等教育

社会科を中心とした授業実践

國分麻里 編著

明石書店

はしがき

　社会科教育に女性の姿が見えないという理由から研究会を始め、2018年に共著で『女性の視点でつくる社会科授業』（学文社）を出版した。それまでも女性やジェンダーに関する授業実践を紹介した文献はたくさんあったが、小・中・高の社会系の授業実践をこうして一冊にまとめたものは初めてであった。社会科の女性教員が自らのフィールドで授業実践を行いながらその有効性を検証し、社会科で「女性の見える授業」を提案した。

　この刊行から5年が過ぎ、この間も研究会を継続してきた。それまでのメンバーに加えて、社会科と関係の深い性教育や道徳の教員も参加し幅が広がった。メンバーの授業構想発表だけでなく、コロナ禍での女性や子どもの状況、学校でのLGBTQに関する専門の方をお呼びして話を聞くなど、時代に合わせた話題を皆で共有してきた。この5年の間、学会レベルでも目に見える変化があった。日本社会科教育学会では社会科とジェンダーに関する課題研究が全国研究大会で行われ、全国社会科教育学会ではジェンダーバランスに配慮した役員構成に言及する会長挨拶を聴けるようになった。

　しかし、授業実践はどうであろうか。意識の高い教員が以前からジェンダーに関する授業実践を行っているものの、この5年でその数が目に見えて増加したという実感はない。授業実践は難しいのであろうか。そうであるならば、まだまだ不完全ではあっても学校現場の様々な場所から多様な授業実践を積み重ね、それらを発信し続けその可能性を示していくことに価値があるのではないか。こうした問題意識から本書を刊行することにした。本書の特色は、次の2点である。1点目は、多くの者が自分の所属する中・高・大のフィールドで授業実践を行い、その成果と課題、教材を示しながらその有効性を示していることである。これは第1部での大学での授業実践、第2部の中・高での授業実践が該当する。2点目は、社会科と関連のある性教育や道徳の内容を織り込んでいることである。これは第1部に当てはまる。

　2018年に刊行した前書を、まずはのろしを上げた本だと多くの人に説明し

てきた。本書はその続編である。本書を引き金として、その他の場所からもこうしたのろしが数多く上がるのを期待している。

國分 麻里

女性の視点でつくるジェンダー平等教育
—社会科を中心とした授業実践—

目　次

第2部　中・高の女性教員がつくる新しい社会科授業

第1部

女性教員が見る

社会と教育の現状と課題

第1章　なぜ日本はジェンダーギャップが大きいのか

－ジェンダーギャップ指数から見る世界の政治と経済－

金　玹辰

1. はじめに

　2022年7月13日、世界経済フォーラム（WEF）が発表した『グローバルジェンダーギャップ報告書2022』*Global Gender Gap Report 2022* において、日本は前回120位から116位で順位は上がったものの、今回の調査対象国が10カ国減っているため、実際にジェンダーギャップが改善されたとは言えない。むしろ、日本のジェンダーギャップ指数（Gender Gap Index：以下GGI）0.650は、前回の0.656や世界平均0.681より低い。特に経済は、コロナ下で女性の労働参加率の低下や賃金の格差、管理職の減少などで、前回の0.604から0.564に後退している。

　近年GGIが発表されると、日本のマスメディアは「今回も主要先進国で最下位」ということを強調し報道する傾向があるが、違和感がある。今回の調査対象国は146カ国であり、日本よりジェンダーギャップが大きい国は30カ国しかない。イスラム文化圏の国が多いが、日本よりジェンダーギャップが小さいイスラム文化圏の国も存在する。例えば、最下位の146位のアフガニスタンや45位のパキスタン、143位のイランがあれば、71位のバングラデシュ、68位のアラブ首長国連邦、65位のカザフスタンもある。また、144位のコンゴ民主共和国、142位のチャド、141位のマリなど、ジェンダーギャップが大きい下位にはアフリカの国々も含まれている。しかし、日本よりジェンダーギャップが小さいアフリカの国はそれ以上に多く、上位10カ国の中には、6位のルワンダと8位のナミビアと2カ国も入っている。

　多くの人々は先入観があり、イスラム文化圏の国々やアフリカの経済的貧し

い国々が日本よりジェンダーギャップが大きいと予想しやすいだろう。しかし、欧米を中心とする先進国よりも、アフリカやアジアのGGIに注目すると、なぜ日本はジェンダーギャップが大きいのかがもっと理解しやすくなるのではないのか。そこにGGIの社会科教材[1]としての魅力を感じた筆者は、2019年度から大学での授業実践を行ってきた。本章では2021年度の実践を中心に報告したい。

２．GGIの教材化―女性が見えない政治と経済―

ジェンダーに関しては、GGIの他に国連開発計画（UNDP）が発表している『人間開発報告書』*Human Development Report*の中で、ジェンダー開発指数（Gender-related Development Index：以下GDI）とジェンダー不平等指数（Gender Inequality Index：以下GII）がある。2020年の報告書において日本は、GDIが167カ国中の55位、GIIは162カ国中の24位であり、GGIに比べ比較的上位を占めている。

どのような項目を基準としているかによってそれぞれの指数には差が生じる。GDIは、人間開発の３つの基本的な側面である、健康（平均余命）、教育（子どもの期待就学年数、25歳以上の成人の平均就学年数）、生活水準（推定勤労所得）における女性と男性の格差を測定し、人間開発の成果でのジェンダーギャップを表している。またGIIは、性と生殖に関する健康（妊産婦死亡率、若年妊娠率）、エンパワーメント（国家議員の割合、中等教育以上の達成度）、労働市場（就労率）の３つの側面から調査する。これら指数は人間開発の基本理念であるケイパビリティアプローチに立ち、女性から人間開発の可能性を奪うものとして、貧困問題に関係の深い基礎的な部分を重視したため、開発の進んだ先進国が優位となる傾向がある。

それに比べ、GGIは経済（経済参加率、同一職での賃金格差、収入格差、管理職の男女比、専門職や技術職の男女比）、教育（識字率、初等教育進学率、中等教育進学率、高等教育進学率）、健康（出生時の男女比、健康寿命）、政治（国会議員の男女比、閣僚の男女比、過去50年間の首相の男女比）の、４つの側面を調べている。教育と健康は地域に関わらず男女平等にある程度近づいているものの、政治と経済は地域（特に、中東・北アフリカと南アジア）によって不平等が目立ったり、全般的にま

だ不平等であったりする。このように GGI から政治と経済を見れば、女性不在の世界が浮かび上がる。以上を踏まえ、授業実践のために以下の3点に注目して教材化を行った。

（1）GGI から見る世界

　グローバルジェンダーギャップ報告書では8つの地域別統計が示されており、地域間・地域内の比較も可能である。2021年度結果によれば、ジェンダーギャップが小さい方から、西ヨーロッパ（0.776）、北アメリカ（0.764）、ラテンアメリカ・カリブ海（0.721）、東ヨーロッパ・中央アジア（0.712）、東アジア・太平洋（0.690）、サハラ以南のアフリカ（0.672）、南アジア（0.623）、中東・北アフリカ（0.609）、の順である。東アジア・太平洋では、世界4位のニュージーランドをはじめ20カ国が含まれている。そのうち日本は18位（世界120位）である。なお、韓国が11位（世界102位）、中国は13位（世界107位）で、この地域の経済をリードする3国は GGI においては足を引っ張っている状況である。東アジア・太平洋の下位であるサハラ以南のアフリカには35カ国が入っているが、そのうち25カ国の GGI は日本より高く、10カ国が日本より順位が低い（**表1**）。このように、先進国だけではなく、類似する背景を持つ東アジアの国々や意外にもアフリカの国々からジェンダーギャップをなくすヒントを得ることができるかもしれない。

（2）アフリカから学ぶジェンダーと政治

　戸田（2013：6）は、日本でアフリカについて学ぶのが難しい理由として、地理的に遠く学ぶ機会が少ない、情報量も少なくかつ偏りがある、そのため関連する問題に対して的確な判断が難しい、またアフリカの状況が悲惨であまり考えたくない内容が多いことを挙げている。

　2007年改訂学習指導要領から中学校社会地理的分野では世界の各州に対する学習が設けられた。学習指導要領解説では、アフリカの学習例として、「モノカルチャー経済下の人々の生活」という主題を設け、アフリカ地域の特色を捉えるため、「第一次産品にたよるアフリカ諸国の人々は、どのような生活をしているのか」という問いを立てていた。これは学習の一例であったが、すべ

表1　日本よりGGIが高いサハラ以南のアフリカ諸国（2021年度）

No.	順位	国名	総合	経済	教育	健康	政治
1	6	ナミビア	0.809	0.794	1.000	0.980	0.463
2	7	ルワンダ＊	0.805	0.726	0.957	0.974	0.563
3	18	南アフリカ	0.781	0.658	0.994	0.979	0.493
4	26	ブルンジ＊	0.769	0.855	0.896	0.979	0.345
5	32	モザンビーク＊	0.758	0.655	0.904	0.980	0.494
6	47	ジンバブエ	0.732	0.763	0.977	0.980	0.210
7	52	エスワティニ	0.729	0.797	0.972	0.980	0.152
8	56	ザンビア＊	0.726	0.804	0.939	0.980	0.180
9	57	マダガスカル＊	0.725	0.754	0.982	0.965	0.200
10	66	ウガンダ＊	0.717	0.692	0.898	0.980	0.296
11	68	カーボベルデ	0.716	0.761	0.972	0.980	0.152
12	71	ボツワナ	0.716	0.799	1.000	0.980	0.084
13	82	タンザニア＊	0.707	0.703	0.921	0.970	0.255
14	92	レソト＊	0.698	0.647	1.000	0.980	0.165
15	94	リベリア＊	0.693	0.717	0.839	0.962	0.255
16	95	ケニア	0.692	0.672	0.929	0.975	0.193
17	96	カメルーン	0.692	0.706	0.885	0.973	0.202
18	97	エチオピア＊	0.691	0.560	0.850	0.971	0.382
19	104	セネガル＊	0.684	0.554	0.888	0.967	0.327
20	105	トーゴ＊	0.683	0.787	0.782	0.979	0.185
21	110	モーリシャス	0.679	0.680	0.992	0.980	0.144
22	115	マラウイ＊	0.671	0.624	0.915	0.980	0.164
23	117	カーナー	0.666	0.598	0.951	0.978	0.135
24	118	ギニア＊	0.660	0.839	0.680	0.966	0.157
25	119	アンゴラ＊	0.657	0.646	0.759	0.976	0.245
	120	日本	0.656	0.604	0.983	0.973	0.061

＊後発開発途上国（LDC：Least Developed Country）：一人あたりGNI（3年間平均）1,018米ドル以下（2021年8月現在）
出典：WEF（2021）を基に筆者作成

　ての教科書は同じ主題を採用した。様々な理由が考えられるが、前述した戸田の指摘とつながるものであろう。

　悲惨であまり考えたくない内容ではなく、明るくて前向きの内容でアフリカを学ぶことはできないだろうか。そこで、GGIに注目したい。**表1**を見れば、日本より順位が高いアフリカの国々はすべて政治分野におけるジェンダーギャップが日本より優れていることがわかる。これに関連して、戸田（2020）はジェンダーの視点からアフリカの政治に注目すれば、力による支配の政治で

はなく、共存の政治を考えることができると指摘し、ルワンダを事例として紹介している。2021年度のGGIにおいて世界7位であったルワンダは、政治分野では世界6位で、国会議員と閣僚の男女比は世界1位である。ルワンダは、1994年の内戦以前は女性議員も決して多くなく、男尊女卑の政治文化であった。内戦で男性が減って、人口の7割が女性という状態で、内戦後5年間は女性が主な働き手となり、国の発展を支えてその能力が認められる。その結果、2003年の新憲法では議席の3割以上を女性とするクオータ制が採択された。2021年現在も下院80議席のうち49議席（6割）を女性が占めている。

　日本でも2018年に「政治分野における男女共同参画の推進に関する法律」が制定されたが、候補者をできる限り男女均等にする努力にとどまったため、法律の趣旨を無視する政党も実際に見られた。このような日本の現状から、ルワンダの高い女性の政治参加率は大きな示唆を得ることができよう。

（3）政治と経済から見る日本と韓国の女性

　前述したように、ジェンダーの視点で見れば日本と韓国は決して優等生ではない。両国で女性として生きていくのには様々な制約が多いと感じる。ここで、GGIの政治分野と経済分野に注目し、日本と韓国の女性の生き方に関する教材化を試みた。

　表2の①を見ると、政治分野のGGIが2006年には両国ともに0.067であったが、2021年になると日本は0.061に後退している一方、韓国は0.214までに改善されていることがわかる。韓国でもルワンダと同様に、候補者クオータ制を導入している（山本 2005）。2000年の政党法により導入された「女性割当制」では、比例代表（議席の16%）において、政党は女性の候補者を3割以上にするよう努力することになっていた。しかし、実際選挙においては3割以上の女性候補者を推薦した政党が少なく、当選圏内の名簿順位に女性候補者を登載していたわけではなかった。その反省から、2004年に法改正が行われ、比例代表の女性候補者を5割へと引き上げるとともに、比例代表の名簿順位の2名につき1名を女性とすることを義務付けた。これに違反した場合、候補者登録を無効とする条項が新たに付け加えられた。また、地域区（議席の84%）に対しても、3割以上の女性候補者を擁立するよう努力を求め、これを遵守した政党に対し

表2　GGIの日韓比較

① GGIの変化（2006、2020）

	2006	2020	分野	2006	2020	
日本	0.545	0.604	経済	0.481	0.586	韓国
	0.986	0.983	教育	0.948	0.973	
	0.980	0.973	健康	0.967	0.976	
	0.067	0.061	政治	0.067	0.214	

② 政治分野（2020）

	指数	順位	項目	指数	順位	
日本 0.061 (147位)	0.110	140位	国会議員	0.235	107位	韓国 0.214 (68位)
	0.111	126位	閣僚	0.385	60位	
	0	76位	首相	0.104	33位	
政治分野における男女共同参画の推進に関する法律（2018）候補者をできる限り均等			対策	女性割当制（2004）地域区（84%）3割 努力 比例代表（16%）5割 義務		

③ 経済分野（2020）

	指数	順位	項目	指数	順位	
日本 0.604 (117位)	0.840	68位	経済参加率	0.774	92位	韓国 0.586 (123位)
	0.651	83位	同一職での賃金格差	0.574	116位	
	0.563	101位	収入格差	0.492	119位	
	0.173	139位	管理職	0.185	134位	
	0.699	105位	専門職技術職	0.968	80位	

④ 経済分野－参考項目（2020）

	指数	項目	指数	
日本 0.604 (117位)	0.88	失業率	1.02	韓国 0.586 (123位)
	2.29	非正規雇用者	1.90	
	4.76	アンペイドワーク	4.43	

出典：WEF（2021）を基に筆者作成

ては女性推薦補助金を追加支給することが定められた。このように、韓国では
いち早く法の整備を通して女性の政治参与を促しており、ある程度の成果も見
られる。

　一方、経済分野では、GGIには直接反映されていない非正規雇用やアンペイ
ドワークなどにおいて大きなジェンダーギャップが見られる（**表2**の④）。関連
して、日本や韓国の女性の働き方を象徴している現象として、M字カーブを

挙げることができる。多くの女性が結婚や出産、育児で仕事から離れ、家事・育児に専念する。その後の再就職先は非正規雇用が多い。アンペイドワークの担い手の多くは女性であり、その結果、女性がペイドワークに従事する時間は抑えられているからである。このような女性の姿を書いた韓国のベストセラー小説が日本語でも翻訳された『82年生まれ、キム・ジヨン』である。主人公のキム・ジヨンは、大学卒業後は広告代理店で働いていたが、娘の出産に伴って退職し専業主婦となった。次はジヨンと夫が出産と仕事に関する会話である。

> 夫：でもさ、ジヨン、失うもののことばかり考えないで、得るものについて考えてごらんよ。親になることがどんなに意味のある、感動的なことかをさ。それに、ほんとに預け先がなくて、最悪、君が会社を辞めることになったとしても心配しないで。僕が責任を持つから。君にお金を稼いでこいなんて言わないから。
> ジヨン：それで、あなたが失うものはなんなの？
> 夫：え？
> ジヨン：失うもののことばかり考えるなって言うけど、私は今の若さも、健康も、職場や同僚や友だちっていう社会的ネットワークも、今までの計画も、未来も、全部失うかもしれないんだよ。だから失うもののことばっかり考えちゃうんだよ。だけど、あなたは何を失うの？
>
> （チョ・ナムジュ 2018: 129）

　日本の女性からも、韓国の女性の置かれた苦境に通じるものを感じ、多くの共感を得ている（福島 2020）。こうしたことからも、日韓の比較を通して、「なぜジェンダーギャップが大きいのか」という問いを、日本のGGIの順位だけに注目することではなく、普遍的な女性の問題として考えることができよう。

3．ジェンダーギャップに気づく授業実践

（1）授業のねらいと展開
　GGIの推移を見れば、日本の順位は年々下がっている。では、世界のどこの

国が上位に位置しているのか。アイスランド、フィンランド、ノルウェー、スウェーデンなど、北欧諸国がトップであることはよく知られている。一方、アフリカの多くの国が日本よりもGGIが高いことを知っている人は多くないだろう。また、日本と韓国はジェンダーに関する伝統的な考えを持ってきたものの、近年ジェンダーギャップに対する対応は異なる。そこで、本実践ではGGIから学ぶ社会科授業（世界地理、政治・経済）として、他国との比較を通して日本のジェンダー問題の現状と課題を知る糸口になることをねらいとする。

　本実践は大学生を対象とする90分の講義であり、**表3**のような展開で行われた。まず、I.導入 として、GGIについて説明（①）した後、2021年世界のGGIを予想させた。そして、世界のGGIの結果を踏まえ、授業者が地域別バランスを考慮し選択した18カ国の順位を予想させた。正確な順位を予想することが難しい場合は、日本を基準として上か、下かを書くようにした。例として挙げた国の中で、日本より下にはクウェート、1カ国しかないことを知らせ、日本のジェンダーギャップの大きさに気づけるようにした。他に上位1～7位までの国名も確認させた（②-1）。1～5位のアイスランド、フィンランド、ノルウェー、ニュージーランド、スウェーデンに対しては、各国の前・現女性首相の写真を見せながら女性の政治参加が目立つ国々であることを理解させた（②-2）。なお、世界地理の授業として、授業中に登場する国は、世界地図からその位置を確認させた。

　次に、II-1.展開 ではアフリカから学ぶジェンダーと政治を扱った。まず、6位ナミビアと7位ルワンダがアフリカの国である（③-1）ことから、普段持っているアフリカの国々に対する印象を聞いた。その後、120位の日本より上位に位置するサハラ以南のアフリカの25カ国のリストを提示した（③-2）。サハラ以南のアフリカでは後発開発途上国（LDC）の国が多い（15/25カ国）ことも説明した。アフリカの国々の順位が高いことの背景を探るために、2021年結果7位であるルワンダのGGIを確認させ、政治分野の指数が高いことに気づいてもらい、国会議員や閣僚の男女比が同率で世界1位であることを伝えた（③-3）。またその背景として、2003年に議席の3割以上を女性とするクオータ制を導入したことを説明し、ある程度の割合を女性とするクオータ制についてどう思うのかを聞いた。

表3　授業展開

Ⅰ．導入 GGI から見る 世界	① GGI を説明する。 【問1】2021 年世界の GGI を予想して下さい (0 が完全不平等、1 が完全平等)。 【問2】以下の国々を GGI の高い順に並べて下さい (男女格差が少ない順)。 カナダ / アメリカ / ニカラグア / ノルウェー / ドイツ / スロベニア / ルワンダ / アンゴラ / エチオピア / アラブ首長国連邦 / クウェート / バングラデシュ / インドネシア / フィリピン / ニュージーランド / 中国 / 韓国 / 日本 ②-1　【問2】の答えと 1～7 位までの国名を確認させる。 ②-2　1～5 位のアイスランド、フィンランド、ノルウェー、ニュージーランド、スウェーデンの GGI を確認し、女性の政治参与が目立つ国々であることを理解させる。
Ⅱ-1．展開 アフリカから学ぶ ジェンダーと政治	③-1　ナミビア (6位) とルワンダ (7位) がアフリカの国であることを確認する。 【問3-1】アフリカの国々について今持っている印象を書いて下さい。 ③-2　日本より順位が上に位置するサハラ以南のアフリカ地域の 25 カ国のリスト**表1**を提示する。 ③-3　政治分野に注目し、ルワンダの GGI を確認させ、その背景を説明する。 【問3-2】ある程度の割合を女性とするクオータ制についてどう思いますか。
Ⅱ-2．展開 政治と経済から 見る日本と韓国 の女性の地位	【問4】日本と韓国のジェンダーギャップはなぜ大きいと思いますか。 ④-1　日本と韓国の GGI を確認させ**表2①**、政治と経済分野で問題があることを気づかせる。 ④-2　政治分野に注目し、両国における女性の政治参与を促す制度**表2②**を説明する。 ⑤-1　経済分野に注目し、GGI**表2③**、失業率、非正規雇用者率、アンペイドワーク**表2④**を確認させる。 【問5-1】「逃げ恥」のセリフ「好きの搾取」についてどう思いますか。 【問5-2】韓国の小説『82 年生まれ、キム・ジヨン』、p.129 の出産・仕事に関する夫とジヨンの会話を読んで、どちらに共感できるかを書いて下さい。 ⑤-2　日本と韓国の M 字カーブとフランス・ドイツ・スウェーデン・アメリカと比較させる。 ⑤-3　NHK 目撃！にっぽん「キム・ジヨンと女性たち～韓国小説からの問いかけ～」を観覧させる。
Ⅲ．まとめ	【問6】授業の感想・意見・質問などを書いて下さい。

　日本と韓国に注目した⬚Ⅱ-2.展開では、なぜ両国のジェンダーギャップは大きいのかを予想させることから始めた。理由を確認するため、まず日本と韓国のGGIを確認させ、政治と経済分野で課題があることを気づかせた（④-1）。次に、政治分野を比較させ、2006年以降日本は悪化、韓国は改善されていることに気づかせ、両国における女性の政治参加を促す制度について説明した（④-2）。さらに、経済分野のGGIを確認させた。GGIには直接に指数に反映されないが、補完的に参考にすることができる項目である女性の失業率や非正規雇用者率、アンペイドワークなどのデータを示した。そこで、これらのデータを用いて女性の働きと結婚・出産の問題を関連付けて考えさせた。その際、学生の興味を引くために、日本のドラマでの結婚に関するセリフ（⑤-1）や韓国の小説での出産に関する夫婦の会話（⑤-2）、韓国の小説に関する日本の女性たちの共感を紹介したテレビ報道（⑤-3）を用いた。最後には、⬚Ⅲ.まとめとして授業に対する感想・意見などを自由に書かせた。

（2）学生のワークシートから見る授業評価

　前述したように、GGIの結果から見れば男女平等にある程度近づいている教育と健康、全般的にまだ不平等である経済と政治であるが、【問1】の学生の答えは、実際より教育と健康のGGIは低く、経済と政治のGGIは高くなる傾向がある。そして、大抵の学生が総合的には実際（0.68）より低い（0.5程度）、つまりジェンダーから見れば不平等な世界であると感じている。

　【問2】において、予想通りに大抵の学生がアフリカの国々のGGIが日本より低いと答えている。【問3-1】の答えからは、学生が持つアフリカのイメージは、地域格差があるものの発展途上国が多く、貧困であるということであった。ジェンダーと関連する答えは3つしかなかったが、二人は男尊女卑、一人は男女平等と答えは分かれた。政治に関するイメージも少ないが、戦争・内戦（4人）、植民地経験（3人）、治安の不安定、政治体制の遅れの意見があった。本授業を通してアフリカのイメージはどのように改善されたかを直接に聞くことはできなかったが、【問6】の答えの中でアフリカについての記述が一部（4人）見られる。特に、男尊女卑のイメージを持っていた学生は、「自分の中で先進国に比べ、発展途上国と言われるアフリカ系の国々は男女格差でも『昔のよ

うに』発展途上であると考えていた。しかし私の考えていた『昔』とは、日本の昔であり、色眼鏡で物事を判断していることに気づいた」と答えている。この意見は、戸田（2020）が指摘したように、植民地時代のアフリカに当時より男性中心主義であった西洋の価値観が普及され、伝統社会における女性の権利を奪い、社会的地位を低めたという最近のジェンダー研究の成果とつながる。本授業では植民地の経験についてはあまり触れていなかったこともあり、今後からはアフリカの伝統的な女性の地位が植民地化によってどのように変容してきたかについての教材研究の必要性を感じる。

　【問 3-2】のクオータ制については必要だと思う学生が少なくないものの、条件付きの賛成や不要だと答えた学生もおり、その理由として「能力主義」「男性差別」を挙げることが多い。例えば、「もちろん平等にするという面ではいいかもしれないが、本当に熱意のある男性が就くことができなかったり、人数比のために無能な女性が選ばれたりする可能性がある。しかしこれらは机上の空論なので実際にやってみる必要があると思う」、「いらないと思う。単純に女性の数を増やして、数の面で男女平等になるかもしれないが、男性に対する差別でもあると思う。実力を平等に評価し、男女関係なく扱うのが、適当だと思う」という記述のように、「政治能力が低い女性」が選ばれたり、「政治の能力がある男性」が差別を受けたりする可能性に対する危惧を持つ学生が少なくない。これに対しては、GGI の政治分野で 1 位であるルワンダの状況を説明するために 2010 年時点での公的機関における女性の割合（戸田・フォーチュネ 2020）を示したものの、女性の政治参加によってどのようにルワンダがよくなったかについては触れなかったことが問題であったと反省する。今後からはルワンダの女性議員による女性と子どものための法律の制定とその影響について、より教材研究をさらに行う予定である。

　【問 4】では、低い女性の政治参加や経済参加を挙げた答えが少なくないことから、学生はある程度日韓のジェンダーギャップの理由を理解している。多くの学生が儒教の影響や家父長的な考え方を指摘している。【問 5-1】の日本のドラマのセリフに対しても、「男は外で働き、女は家を守るという性別による固定観念」の問題点を理解している様子である。【問 5-2】の夫とジョンの会話に対しても多くの学生が妊娠・出産・育児などに対する女性が置かれた苦境

に共感を示した。しかし、「家事に対する対価は必要なのかどうか難しいと思いました」という意見もあったので、男女の格差ではなく、アンペイドワークが抱える問題点について考える機会を設ける必要性を感じた。つまり、アンペイドワークが女性だけの問題ではなく、男女ともに解決すべき問題として取り上げるようにしたい。また、「パートナーで決めるべきことであり、部外者が何かを決めるべきことではないと考える」、「未来や計画については結婚の段階で考えるべきことなので、夫が責められるのは理不尽だと思う」という家庭の問題としか見ていない答えもあったので、社会の問題として扱うような手助けも必要である。

　振り返りの【問6】においては、39名中24名が日本におけるジェンダーギャップについて考えることができた。そのうち20名が世界や他国と比較することでより深い学びにつながったと述べている。今回はアフリカの国々や韓国との比較を用いたが、これからは大きなジェンダーギャップの問題を抱えている南アジアや中東・北アフリカについても教材研究を行う必要がある。その際、該当地域の全体的問題だけではなく、中でも積極的にジェンダーギャップの解消に取り組んでいる国の事例も紹介したい。そうすることで、地域に対するストレオタイプから多様な地域の姿を学ぶことができる。

4．おわりに―女性が活躍できる世界を目指して―

最後に、学生二人の感想を紹介したい。

ア．ジェンダーギャップが問題になっても、女性は努力しようとすることが、男性には『82年生まれ、キム・ジヨン』のように理解されにくいことが大きな問題なのではないかと思った。また、女性もどこかでギャップの解消を諦めている（諦めざるを得ない）風潮があると思う。

イ．自分は普段女性だから差別されていると感じることは多くないが、無意識で「女性だから」と自分で考えてしまう部分もあるかもしれないと思った。自分が育った環境が社会で活躍するのは男性だと思い込ませてしまうのではないかと思う。女性が社会で活躍することは当たり前だと、子ども

　が思える社会になると良いと思う。

　二人とも女子学生である。今後彼女らが女性だからという理由で諦めることなく社会で活躍してほしい。これが本実践の成果と課題であろう。

[注]

1) 家庭科においても、GGIに注目した教材化や実践が行われている。例えば、高校家庭科資料集『LIFE おとなガイド』(教育出版、2022)では、第3章青年期と家族と関連して「6. 男女平等、日本は遅れている！？」(38-39頁)というタイトルで、2021年のGGIをはじめ、女性労働力のM字カーブ、男女の賃金格差などのデータが示されている。また、原田・中西・山根(2022)は、「ジェンダーギャップの現状から、これからの働き方や家族のあり方について見直すことで新たなライフスタイルを形成し、よりよい生活の実現に向けて働き出す」ことを目的として中学校家庭科の家族・家庭生活単元(14時間)での授業実践を行っている。このように家庭科では日本のGGIが低いことの背景を探り、自分の生き方を考えることを目的とする。それに比べ、本実践は他国との比較を通してジェンダーギャップを政治・経済の課題として捉える社会科の授業である。

[参考文献]

チョ・ナムジュ著、斎藤真理子訳(2018)『82年生まれ、キム・ジヨン』筑摩書房

戸田真紀子(2013)『アフリカと政治 紛争と貧困とジェンダー―わたしたちがアフリカを学ぶ理由―』御茶の水書房

戸田真紀子(2020)「アフリカから見るジェンダーと政治学」『貧困、紛争、ジェンダー―アフリカにとっての比較政治学―』晃洋書房、209-236頁

戸田真紀子・バイセンゲ，フォーチュネ(2020)「女性の政治参加と家父長制社会の変容：ルワンダと日本との比較」『現代社会研究科論集：京都女子大学大学院現代社会研究科紀要』14、29-43頁

山本健太郎(2005)「韓国における女性の政治参加」『レファレンス』651、82-90頁

原田悦子・中西正善・山根真理(2022)「〔実践報告〕ジェンダーギャップの現状を知り、新たなライフスタイルを考える家庭科の授業―新たなライフスタイルを創る附中ライフイノベーション(家族・家庭生活)―」『研究紀要(愛知教育大学家政教育講座)』51、61-67頁

福島みのり(2020)「日本社会における『82年生まれ、キム・ジヨン』の受容―日本の女性は自らの生をどう言語化したのか―」『常葉大学外国語学部紀要』36、1-18頁

WEF (2021) *Global Gender Gap Report 2021*　https://www.weforum.org/reports/global-gender-gap-report-2021

WEF (2022) *Global Gender Gap Report 2022*　https://www.weforum.org/reports/global-gender-gap-report-2022

UNDP (2020) *Human Development Report 2020*　https://hdr.undp.org/content/human-development-report-2020

第2章　小学校社会科でジェンダーレス思考を育むにはどうすればいいか

梅田 比奈子

1．はじめに

　2022年7月13日、世界経済フォーラムが出した「ジェンダーギャップ指数2022」では、日本は主要先進国の中で最下位の116位となった。特に、政治経済分野でのデータが低くなっている。女性の議員や管理職の少なさは、いわゆるリーダーとして活躍する女性が少ないということにとどまるのではない。様々な意思決定場面に女性が少ないということは、女性の非正規職員の数、待遇や賃金格差などにも反映してくることなのだ。

　ただ、私の所属していた小学校では、様々な委員会などで女子が委員長として活躍し、学校の代表としてスピーチなどをするのも女子が多かった。また、その子どもたちが進学した中学校でも同様である。混合名簿は、何年も前から当たり前に使ってきているし、委員会などを決める時にも男女で分けて人数を決めたりしていない。そういった、育ちがあるにもかかわらず、なぜ、日本では、女性がなかなか活躍できないのだろうか。生活の中で、無意識に育まれているジェンダーバイアス。子どもたちの職業イメージから、そのバイアスを確認するとともに、学校教育、特に小学校社会科の授業でできることを考えたい。自分の今までの実践や研究会などでの実践研究として取り上げた人物などについて振り返り、課題と付け加える点を考察し、社会科の授業でできることを考えていきたいと思う。

2．アンコンシャスバイアスが示すこと

　ジェンダーに関する話題は、ここのところ新聞で取り上げられることが多い。例えば、毎日新聞は Gender × JAPAN、朝日新聞は Think Gender という特集ページを設けているし、読売新聞、産経新聞でも記事として取り上げられている。また、2022年7月の参院選では女性候補の比率が3割を超えたということも報じられた。しかし、一方で、男女ともに意識の変化は、そんなに大きくない。

　2021年度、内閣府男女共同参画局の性別による無意識の思い込み（アンコンシャスバイアス）に関する調査研究[1]を見ると、男女ともに、「男性は仕事をして家計を支えるべきだ」ということに「そう思う」「どちらかといえばそう思う」との回答が約50％であった。また、「同程度の実力なら、まず男性から昇進させたり管理職に登用するものだ」ということには、男性の約18％、女性の約11％が「そう思う」「どちらかといえばそう思う」と回答している。この調査からは、無意識のうちに、男性は、あるいは女性は、こうあるべきだという認識が構築されてしまっていることに改めて気づかされる。同じ調査で、性別に基づく役割や思い込みを決めつけられた経験という問いに対して、女性の回答を見てみると「直接言われたり聞いたりしたことがある」という回答は、上位から見ると「●女性は、感情的になりやすい19.9％　●女性には女性らしい感性があるのだ17.2％　●家事・育児は女性がするべきだ16.9％　●男性は、仕事をして家計を支えるべきだ16.3％　●受付、接客、応対（お茶出しなど）は、女性の仕事だ15.7％」となっている。また、「直接ではないが言動や態度からそのように感じたことがある」については、「●家事・育児は女性がするべきだ31.8％　●受付、接客、応対（お茶出しなど）は女性の仕事だ26.7％　●男性は、仕事をして家計を支えるべきだ26.2％　●親戚や地域の会合で食事の準備や配膳をするのは女性の役割だ26.0％　●共働きで子どもの具合が悪くなった時、母親が看病するべきだ25.8％」である。

　女性の社会進出、男女平等が叫ばれつつあるが、やはり、大きな意識のバイアスがある。これは、プラン・インターナショナルが2022年1月に高校生対象に行った調査[2]でも同様の傾向が見られる。では、小学生の子どものたちの意識はどのようなものだろうか。簡単なアンケートから、探ってみる。

3．仕事に関する子どもたちの捉え

　今回、男女に関して、「職業」をキーワードとして調査を行った。調査は、2022年3月にA校で行い、対象は、3年生から6年生の児童（3年生50名4年生49名5年生58名6年生53名）である。調査内容は、女性、男性の職業と聞いて、思い浮かぶものを3つとその理由を書くというものであり、回答者の男女はとっていない。以下、3年生から6年生のアンケートの中から、多かった職業とその主な理由を記載する。

　ここには、上位5位（4年生は、5位が多数になったので4位まで）に書かれた職業と主な理由を挙げた。この結果を見ると女性、男性の職業に関する一定の固

表1　女性・男性と聞いて思い浮かぶ職業

学年	女性と聞いて思い浮かぶ職業	男性と聞いて思い浮かぶ職業
3年	①看護師　②モデル　③保育士・幼稚園の先生　④ケーキ屋　⑤先生	①警察官　②消防士　③タクシーの運転手　④先生　⑤大工　サラリーマン
	・女の人は、子どもを育てるイメージがある ・女の人が多い ・女の人は、かわいいものや甘いものが好きというイメージがある	・男の人の方が強そう ・男の人がやっているイメージ ・よく見る ・力が強くて、走るのが早い
4年	①看護師　②先生　③デザイナー　④洋服屋（アパレル）の店員　⑤は同じ数のものが多数	①大工　②スポーツの仕事・選手　③警察官　④医者　⑤先生
	・女の人がやっているのをよく見る ・女の人は、服が好きだから ・女の人は、やさしいイメージ	・スポーツは、男が多い ・男の人しか見たことがない ・力仕事だから ・男の人の方が、体力がある
5年	①看護師　②ケーキ屋　③保育士・幼稚園の先生　④キャビンアテンダント　⑤先生	①自衛隊　②サラリーマン　②警察官　④消防士　⑤大工
	・女の人が多い ・丁寧なことをするイメージ ・お菓子を作るのが好きそう ・世話をするのが上手	・強い人のイメージ ・力仕事、頭を使う仕事のイメージ ・身体を張って、仕事をするイメージ
6年	①看護師　②花屋　③キャビンアテンダント　④女優　⑤ケーキ店の店員・保育士	①サラリーマン　②大工　③医者　④俳優　⑥タクシードライバー・パイロット
	・何となく女性が多いというイメージ ・手先が器用なのは、女性の方が多い ・世話をしたりするイメージが強い	・男の人が多い ・強い肉体が必要。女の人だと弱すぎる ・男の人が好きそう ・力が必要だったり男の人しかできない

定イメージがうかがえる。もちろん、「母や父がその職業についている」「自分がなりたい」といったものもあるが、多くは、自分が出会ったり、メディアで見たりした印象で書いたようだ。ただ、その理由の中に、学校教育での出会いが意識に少しの変化を与えているものがあることもわかった。いくつか、考察を加えてみたい。

　まず、アンコンシャスバイアスと関連している理由を挙げてみる。重なっているものは省き、下線は筆者がつけた。

表2　アンコンシャスバイアスと関連した理由

女性
- かわいいものや甘いものが好きというイメージがある
- あまり、力を使わない
- 女の人は、服が好きだから　コーディネートのセンスがある
- 女の人は、やさしいイメージだから
- 女の人は、手が器用だから
- 女の人の方が人との付き合いが上手だから　関わり方が上手
- 女の人は、動かない仕事をしている
- 縫物が得意そうだから
- 料理上手　料理やスイーツなどを作るのが上手　お菓子作りとか好きそう　お菓子を作るのが好きな人がたくさんいる　女の人は、甘いものが好き　料理しているイメージがある　料理と言えば女性というイメージ
- 家庭での家事を支える役割がある
- 作る系の仕事をしているイメージ
- 細かな作業をするイメージ　手先が器用なのは、女性の方が多い
- 丁寧なことをするイメージ
- ペットが好きだから
- 子どもと触れ合えるのが楽しい　子ども好き　子どもたちを育てるのが上手　子どもをかわいがる
- お花など好きな子がいる　お花屋さんは、女性スタッフのイメージ
- 絵がうまい
- おしゃれ
- 世話をするのが上手
- 赤ちゃんを産むのは、女性だけだから立ち会ったりするのは、女性がいいかな
- きれいな感じ
- ふんわりした感じの仕事
- 歌ったり、踊ったり、楽器を使うイメージがある
- 職業のほとんどは、男性が主な仕事をやって、女の人は手助けをするイメージが強い　医者の手伝いをするなら女性だと思ってたから
- かわいくて、きれいな感じのお店をひらいたりつくったりしている

男性
- 体力がありそう　体力がある　女性より体力がある
- 不思議が好きだから
- 身体が強くなりそうだから　強そう　強い人のイメージ　筋肉がつく
  強い肉体が必要
- 力がいる　力持ち　力が強くないとできない仕事
- 女の人は、看護士、男の人は医者というイメージ　院長は、何となく男性
- 医師は、男性のイメージ
- 力が強くて、レスキューに向いている　力が強くて、走るのが早い
- かっこいい
- 運転は男子のイメージ
- 力仕事だから
- 大工は、男らしい
- いろいろなことができそう
- 男人は、動く仕事をしているイメージ
- 運動好き　運動神経がよさそう　スポーツが得意な人が多い
- 頭を使う仕事のイメージ
- 電機などに詳しそう
- 見立てなどうまそう
- たたかったりする
- 危ないことをするのは男性
- 力が強くて、思い荷物を運ぶのが得意そう
- 身体を張って、仕事をするイメージ
- パソコンを打つのがはやそう　パソコンに強い
- 力が必要だったり男の人しかできない　女の人だと弱すぎる
- 動いたり、ゲームしたりしている
- 男性は、基本高い地位の仕事についていることが多い
- 人を守る
- ほとんどの会社の社長は男性
- 獣医は男性の方が多いと思う

　この理由を見てみると、無意識のうちに、女性、男性のイメージが作られていることがわかる。女性は、「甘いものやかわいいもの、きれいなものが好き。手先が器用。子どものことが好きで面倒見がよい。コミニュケーションをとるのが上手、やさしい」というイメージ。そして、少数ではあるが、女性は男性をさえる仕事をするというイメージも少なからず持っているようだ。一方男性に対しては、「力が強い。体力がある。論理的に物事を考える。スポーツが得意」などのイメージ。また、どちらかというと医師や社長など社会的地位のあ

る仕事に就いていると捉える子どもが複数いた。そして、両方の理由に、それぞれ、「男の人がやりそう。男の人が好きそう。男の人がなりたい。女の子らしい仕事。女の人に合っている仕事だと思う。昔から女性のイメージが強い。女の人で憧れている人がたくさんいる」などの回答もあった。具体的に聞き取り調査をしていないので、確定できるわけではないが、子どもたちの中で、仕事と性に関して、一定程度のイメージができていると考えられる。

　これらは、学校教育だけでなく、日常の生活の中で、培われているものだろう。先ほど示した「性別による無意識の思い込み（アンコンシャスバイアス）に関する調査研究」を見ても底辺に流れるものが同じである。つまり、日々の生活の中で、無意識的にジェンダーバイアスがかかってしまっている状況にあるということだ。ただ、このアンケートの中で、学校教育の中で子どもたちの意識が変わってきたのではないか、あるいは、変わっていくのではないかと考えられる回答もあった。それは、

・女性の仕事…全ての仕事。差別になるとするといや
・昔は、男の人だったけど、今は、女の人が増えてきている（医師）
・学校に来てくれた人が全員男
・教科書などのイラストは女の人で書かれている
・最近は、男性と女性の立場が反対なところがある

というものである。今まで、男女の仕事でこうだと思ってきたことが違うのではと思ったり、女性の職業はこうだとイメージすること自体が差別につながるのではと考えたりする子どもがいた。また、社会科の授業でも改善できることを回答はいくつか示している。例えば、社会科などで出前授業に呼ぶ人の性別、教科書の挿絵などの活用など、教師側で意識して授業することが、子どもたちの意識改革に少しずつつながっていくのではないだろうか。

4．小学校社会科の授業で

　今まで、子どもたちの職業に関する調査を手掛かりに、子どもたちの中に潜むジェンダーバイアスについて探ってきた。それでは、このバイアスをなくし、ジェンダーレス思考を育むには、小学校社会科でどのような実践ができる

だろうか。

　実践を考える前に、今までの小学校社会科の実践について、ジェンダーの視点から、その課題について考えてみたい。

　小学校社会科教科書では、かなり以前から、ジェンダーに関しては、敏感に捉えてきている。例えば、3年生の暮らしの移り変わりでは、だいぶ以前から、台所にいるのは女性だけではなくなっているし、スーパーなどの学習でも買う人は性別で偏っていない。しかし、授業実践していく時に取り上げる人物は、ほぼ、男性である。自分の実践を振り返っても、5年生の産業学習で女性を中心に単元を展開したことはなかった。唯一といえるのが、水俣病での杉本栄子さん。彼女の強い生き方に触れ、闘いをやめなかった姿、水俣の環境を取り戻すための努力などを柱に単元を展開した。6年生でも、国際交流で少し、取り上げただけで、中心として扱うことはしてこなかった。それは、今、思えば、2つの要因からではないかと考える。その一つが、教材として探す時に、出会ったのが男性だったということだ。米作り、漁師、車の開発者、伝統工芸の職人、消防士、警察官、水道局の職員、収集車の人、学芸員、歴史の会の方など、何を教材化しようかと考え、取材対象を探していった時に出会ったのは、すべて男性だった。また、もう一つの要因は、女性でこの産業の人を探そうという意識がなかったことだ。つまり、教材化をする時に、自分は、ジェンダーの視点を持っていなかったということになる。ただ、こういった状況は、今も続いているのではないかと考える。

　今回、女性を中心とした単元展開を考えられないかと思い、インターネットで女性の従事者の割合について調べてみた。農林水産業における男女共同参画の推進について（2020年3月　農林水産省）[3)]によると、女性の割合は、漁業従事者は約11.5%、農業従事者のうち、基幹農業従事者は約40%、林業従事者は6%であった。そして、現在、どの産業においても、リーダーとして位置づいているのは男性である。また、「男女共同参画白書　平成28年版」によると、女性比率が高いのは、医療・福祉、宿泊業・飲食サービス業であり、授業の内容として取り上げる業種としては難しい。つまり、教材化までのハードルが高く、意識して探さない限り、女性を中心にして授業を展開するのには、困難さがあるということだ。ただ、同時に、意識なく実践をすることで、やはり、産

業は男性の手で行われ、女性はサポートするという隠れたカリキュラムになっているのではないかという懸念も強く感じた。実際に、様々実践で取り上げられているのは、男性である。2021年度の横浜市社会科研究会の実践を見ても、3年生7本、4年生6本、5年生7本、6年生7本の提案があったが、女性を中心教材として取り上げた実践はなかった。一般的な授業の展開でも、授業の中で具体的に取り上げられている人がほとんど男性である（**表3**）。授業で取り上げる各産業を見ても、なかなか女性が活躍できていない状況であることが、このことからも明らかであろう。そして、先に述べたように、こうやって、男性を中心として取り上げることで、子どもたちの考えの中に、仕事をするのは、男性であるというイメージを作り上げてしまっていることも考えられる。

表3　社会科授業で取り上げられた人物（横浜市）

学年	取り上げる主な人物
3年	スーパーの店長さんにインタビューする授業…店長は、男性 交番のおまわりさんに聞く…男性　　消防士…男性
4年	ゴミ収集車の見学…男性　　伝統工業の職人…男性
5年	土地の高低、寒い地域・あたたかい地域の産業 キャベツ作り…男性　　さとうきび作り…男性 米作り…男性　　漁業…男性　　自動車工場…男性 多量な情報…男性　　森林…男性
6年	政治…市役所や地域の方々…男女　　国際交流…女性 歴史…各時代ともほとんど男性

（筆者作成）

　そこで、教材として女性を取り上げること、また、誰もが、自分にあった仕事をし、それを支える社会を自分たちが作っていくという意識を持てるようにすることを踏まえて、小学校社会科の授業を考えてみた。

　まず、教材として、授業の中で取り上げることができそうな女性を探した。今回、どの教室でも5年生で学習する「米作り」で考えた。教材として取り上げるのは、その人を通して日本の農業、米作りを捉えられる人物でなければならない。女性も特色ある米作りをしている人はいるのだが、そういった観点も含めると、探すのはなかなか難しかった。様々調べて、新潟県南魚沼市のTさんを中心に指導計画を考えてみた。実際に、取材をしているわけではないので、深くは入り込めていないが、一つの例示として、考えてみたい。なお、単元計画に

ついては、横浜市の社会科研究会で発行している指導事例集⁴⁾を参考にした。

　南魚沼市のコシヒカリというブランド米を生産するTさん。彼女は、自分で米作りをするだけでなく、「地元のおっかちゃん達の米づくり」の代表をし、女性が自分の考えで農業を行う道しるべになればと考えている。コシヒカリの栽培については、減農薬、減化学肥料、こだわりのたい肥づくり、自然循環農法、そして、SDGs も考えて行っている。こうしたことは、これからの日本の農業を考える上でも、とても重要なことである。それをTさんが考え、行っていることを学ぶ意味は、農業学習以上のものがあるのではないかと考える。

表4　授業案

5年　暮らしを支える食糧生産（米作りの盛んな地域）
【単元名】　南魚沼のTさんの米作り
【単元目標】
　新潟県南魚沼市の米作り農家であるTさんについて調査したり地図などの資料で米作りに適している自然環境を調べたりしながら、生産の工程、人々の協力関係、技術の向上、輸送、価格や費用などに着目して、食糧生産に関わる人々の工夫や努力を捉え、その働きを考え、表現することを通して、日本の食糧生産を支えていることを理解できるようにする。また、日本の農業の様子や発展について主体的に学習問題を追究・解決し、これからの食糧生産について自分なりに考えようとする態度を養う。

【単元計画】

1時間の目標 （○数字は時数）	学習問題 ◇学習活動　◆留意点
①自分たちの生活と農業の関わりについて関心を持ち、米にまつわる食生活について意欲的に調べようとする。 ②南魚沼市と自分たちの町の自然条件や土地利用を比べることを通して、自然条件や土地利用から南魚沼が米作りの盛んな地域であることを捉えられるようにする。	普段わたしたちは、どんなお米を食べているのだろう ◇自分たちは、どんな米を食べているのか、米袋から生産地や種類を調べる。 なぜ、南魚沼で米作りが盛んなのか。南魚沼市と私たちのまちを比べよう ◇南魚沼市と自分たちが住んでいる町の自然条件や土地利用を比べ、米作りが盛んな地域について考える。 ◆南魚沼のTさんを紹介する。 ◇Tさんの米作りについての疑問をノートにまとめる。 Tさんの米作りについての疑問を出し合おう ◇これまでの学習で出てきた疑問から単元を見通す学習問題を考える。

南魚沼のＴさんは、どのようにしておいしいお米を作っているのだろう	
③Ｔさんの米作りについての疑問から学習計画を立て、学習の見通しを持つようにする。	◇学習計画を立て、学習の見通しを持つ。
④⑤⑥Ｔさんの農事暦を見て、どのように米作りを行い、何を大切にしているのかに気づく。	Ｔさんは、1年間、どのような米作りを行っているのだろうか ◇Ｔさんの米作りについて調べる。 ※減農薬、減化学肥料 ※たい肥はもみがら、米ヌカ、おからをブレンドして寝かせて、熟成させたもの。牛糞、豚糞などは使用していない ※自然循環農法 などを基に、こだわりの米作りについて学ぶ
⑦Ｔさんのお米がどのように消費者まで届くのかを調べることを通して、様々な流通や販売方法があることに気づくようにする。	Ｔさんのお米は、どこで売られているのだろう ◇農家が栽培した米の流通や販売方法について調べる。
これからの米づくりにはどのような願いがこめられているのだろう	
⑧⑨Ｔさんが女性のグループをつくったわけやSDGsに取り組んでいることから、これからの農業の在り方について、捉えられるようにする。	◇「地元のおっかちゃん達の米づくり」のねらいや国の農業人口、女性の農業経営者の数、ＴさんのSDGsの取り組みから、今後の農業の在り方を考える。 ◆「女性が自分の考えで農業に携わっていける道しるべになっていければ」という思いについて、日本の女性農業経営者数やSDGsと関係づけて、考える。

Ｔさんは、SDGsの具体的な取り組みとして、ジェンダー平等を掲げている。ここで、女性が中心となって農業を営むことが、当たり前に行われることの意味も考えたい。そして、様々な工夫をして農業を営んでいる女性にも出会うきっかけとしたい。

　ここで示したのは、5年生のひとつの単元だが、各学年ごとに1単元でも、意図的に女性を教材として取り上げることが大切だ。日本FP協会が毎年行っている小学生の「将来なりたい職業」ランキング[5]を見ると、少しずつ変化はあるものの、やはり男女のなりたい職業は、固定化している感じがある。そこを打破していくためにも、様々な分野の女性を授業の中で取り上げることは重要であろう。

　次に、子どもたちが、学んだことを自分たちの生活している社会と、どう結

び付けていくのかということについて、考えてみたい。

　その一つが、NIE（Newspaper in Education）である。NIE は、学校などで新聞を教材として活用する活動で、1930 年代にアメリカで始まった。現在、社会性豊かな青少年の育成や活字文化と民主主義社会の発展などを目的に掲げて、全国で展開し、学会も設立されている。また、社会科実践の中でも、様々関連付けられた取り組みがある。

　そこで、新聞を使って、授業と子どもたちの生活をつなぐ取り組みをしてみたらどうかと考えた。例えば、社会科で取り上げた産業と関係のある記事を集めて、考察するといったことが考えられる。その時に、記事で取り上げられている人物の男女比や女性の活躍などにも触れることができる。また、NIE として取り組むなら、以下のような活動も考えられるだろう。

1　子どもたちがそれぞれの新聞から、「女性と仕事」というキーワードで気になった仕事に関わる記事を切り抜く（いくつでもいいし、広告でも、写真でもかまわない）。
2　グループで切り取った記事について、どうして気になったかを発表する。
3　切り取った記事をグループごとに分類し、模造紙に貼る。
4　分類して、感じたことを話し合い、発表する。

　2021 年度の中日新聞「新聞切り抜き作品コンクール」では、女性や多様性についての作品が賞を取った。中３優秀賞「誰もが暮らしやすい社会へ―多様性について考える―」、高１優秀賞「働く女性　戦う女性」、高３中日大賞「私の主張から社会を動かす―四つの観点から届けたいこと―」、優秀賞「いでよ！働く女性たち」「全ての人が生きやすい世の中へ～日本の現状～」である。こういった関心が広がり、自分自身の生活と結び付けて考えられるようになることは、具体的な姿でも示されている。

5．おわりに

　大人、高校生、小学生、保護者等、様々な立場、年代のジェンダーに関する意識調査から見えることは様々あった。その中で、強く感じたのは、意識して

実践を積み重ねていかなければ、変わっていかないということだ。いつからか女子は「かわいい」「やさしい」という言葉で、男子は「かっこいい」「強い」という言葉で括られていくようになる現実がある。性的マイノリティに対して認知が進んできても、まだ、性で区別するという状況はあまり変わっていない。社会科は、社会がどうなっているのかということを学び、どうしたいのか、また、自分はどうしていこうかということを考える教科である。だからこそ、教師がどのような社会を願って、何を教材として取り上げるかが、大切になってくる。今まで以上に、子どもたちが自ら、学びをつくっていく時代になってきた。だからこそ、どんな問題意識を持てるようにしていくのかということに、大きな責任があると考える。

［注］
1）「令和3年度性別による無意識の思い込み（アンコンシャス・バイアス）に関する調査研究」内閣府男女共同参画局、2021年9月。
2）「性別にとらわれず自由にいきるために「日本の高校生のジェンダー・ステレオタイプ意識調査」」公益財団法人プラン・インターナショナルジャパン、2022年4月。
3）データは、いずれも農林水産省「農林水産業における男女共同参画の推進について」2020年3月。
4）横浜市小学校社会科研究会編著『「問い」の質を深め問題解決する社会科学習』東洋館出版社、2020年10月。
5）小学生「将来なりたい職業ランキング」日本FP協会、2022年4月。

［参考文献］
木村涼子（2000）『学校文化とジェンダー』勁草書房
寺町晋哉（2021）『〈教師の人生〉と向き合う　ジェンダー教育実践』晃洋書房
関友里・斎藤周（2019）「ジェンダーに敏感な視点にたった小学校社会科授業構築の試み」『群馬大学教育学部紀要 人文・社会科学編』68、51-68頁

第3章　教員を目指している大学生はどの程度、性について知っているのか

片岡　千恵・泉　彩夏

1．現代の日本における性に関する課題と女性

　現代の日本における性に関する課題は、AIDS を含む性感染症や望まない妊娠、性暴力・性犯罪、セクシャルハラスメントをはじめとして多岐にわたり、人々の健康に悪影響を与えるとともに社会的な問題ともなっており、看過できない状況にある。ここで特筆すべきことは、こうした問題はとりわけ女性の心身への深刻な傷となり、苦悩を抱える一因となっているということである。特に人工妊娠中絶数を見ると、2020年では14万5340件（厚生労働省 2021）であり、単純に数字のみに注目すれば、日本における死因の第3位である老衰の13万人余り（厚生労働省 2021）を超えるものとなる。また、10代の人工妊娠中絶数については、2020年では11万件余り（厚生労働省 2021）であり、1日あたりで約30人の10代女性が人工妊娠中絶を実施していることになる。人工妊娠中絶は、母体保護法において身体的、経済的、暴行脅迫の理由により実施されることが示されており、母体の生命と健康を保護することを目的とするものである。しかし、多くの女性が人工妊娠中絶を受ける時に「胎児に対して申し訳ない気持ち」や「自分を責める気持ち」を感じており、人工妊娠中絶手術の後にトラウマ（心的外傷）を残してしまいかねないことが指摘されている（北村 2017）。他方で、医療者の介助を受けずに一人で出産する「孤立出産」についても、未成年を含む若い女性による事例が後を絶たず、嬰児が死亡に至りその母親が逮捕されるという痛ましい例も報告されている。

　また、「男女間における暴力に関する調査」（内閣府男女共同参画局 2021）の結果を見ると、これまで交際相手から暴力の被害（身体的暴行、心理的攻撃、経済的

圧迫、性的強要）を受けた経験のある者は女性16.7％、男性8.1％、無理やり性交などをされた経験のある者は女性6.9％、男性1.0％となっており、いずれも女性においてより被害を受けやすい状況が示されている。

　さらに、性に関わる犯罪被害の状況を見ると、「児童買春、児童ポルノに係る行為等の規制及び処罰並びに児童の保護等に関する法律」の違反での検挙は、2020年で3400件近くあり、その被害を受けた20歳未満のおよそ1700名のうち約9割が女子であった（警察庁生活安全局少年課 2022）。また、性的虐待の被害児童は2021年で339人であり、そのうち327人が女子であることが報告されている（警察庁生活安全局少年課 2022）。

　このように、性に関する問題はとりわけ女性がその被害者となっており、心身の健康に重大な影響が及んでいることが指摘される。しかしながら、その被害者である女性の側に防犯意識などの喚起を求め、被害を受ければそれが自己責任であるかのような扱いがされがちな点は、まさにジェンダー不平等の現れ（石川 2018）であるとも受け止められる。女性の人権における重要な考え方の一つとして、1994年にカイロで開催された国際人口開発会議において提唱された「リプロダクティブ・ヘルス／ライツ（性と生殖に関する健康と権利）」の概念がある。具体的には、女性自身が妊娠・出産をするかしないかや出産の回数および時期を自由に選択する権利、妊娠・出産や避妊、中絶、性感染症の問題などに関して十分な情報を得られる権利などが示され、すべての人が性に関して心身ともに満たされ健康にいられることなど、生涯にわたる性と生殖に関する健康と権利を保障するための考え方である（白河 2022; 塚原 2022）。性に関する健康課題には、月経や妊娠をはじめとした女性のみが直面する女性特有のものがある。こうした点を十分に考慮した対策が必要である。

　「性」というものは個人のアイデンティティや人生の豊かさに関わる極めて重要なものであるものの、プライベートでセンシティブなものでもあることから性を表立って語ることがタブー視されたり、性に関する問題の提起がはばかられたりあるいは非難されたりする風潮が残念ながらしばしば見受けられる。こうした性に関する問題について後ろ向きな社会的姿勢が、その問題解決を遅らせ、被害の改善に結びついていないようにも考えられる。もちろん、個人の性の取り扱いには最大限の配慮が欠かせないが、女性をはじめとした性に関わ

る健康を守るためにも今後一層の取り組みが求められるのは間違いない。

　性に関する課題を解決していくためには、ヘルスプロモーションの視点が重要であり、近年の日本では、法的な整備や医療・保健分野および警察をはじめとした関連機関の連携などにより社会的な環境改善の視点からの対策は、必ずしも十分ではないとは言え進められつつある。他方で、個人への教育的なアプローチは、人々の差恥心や忌避感、さらには性についての多様な価値観を背景としながらその推進が遅れていることが懸念されている。そうした中で、学校における性に関する指導は、公教育として保障されているものであり、その役割が今日ますます期待されている。

２．学校教育全体を通じて教科等横断的に進める性に関する指導

　学校における性に関する指導は、心身ともに発育発達が著しく、思春期を迎える子どもたちを対象とする教育として、とりわけ重要な位置づけとなっている。性に関する指導は、学校教育の一環として行われることから児童生徒の「生きる力」を育むことが目指されることは言うまでもなく、具体的には、児童生徒の心身の調和的発達を重視し（中央教育審議会 2008）、人格の完成や豊かな人間形成を目指して（戸田 2011）行われるものである。また、野津有司（1998）は、性に関して、様々な問題や多様な価値観が見られる中で、子どもが自分自身を大切にする価値観と正しい知識に基づいて、主体的に思考・判断し、適切に行動できる能力を育てることを目標として行うことが重要であると述べている。

　近年、性に関する指導については、学習指導要領の改訂をはじめとして拡充が図られてきたと言える。例えば、1998年に改訂された小学校学習指導要領において、小学校中学年に保健領域が新たに位置づけられ、第4学年の「育ちゆく体とわたし」の中で、体の発育・発達や思春期における体の変化などの内容が取り上げられることとなった。また、2008年の中央教育審議会答申において、「心身の成長発達についての正しい理解」として、性に関する指導の基本的な考え方が示された点は注目される（**図1**）。

　重要なことは、性に関する指導は体育科および保健体育科を中核として、教育活動全体を通じて位置づけられているという点である。すなわち、カリキュ

（心身の成長発達についての正しい理解）

○学校教育においては、何よりも子どもたちの心身の調和的発達を重視する必要があり、そのためには、子どもたちが心身の成長発達について正しく理解することが不可欠である。しかし、近年、性情報の氾濫など、子どもたちを取り巻く社会環境が大きく変化してきている。このため、特に、子どもたちが性に関して適切に理解し、行動することができるようにすることが課題となっている。また、若年層のエイズ及び性感染症や人工妊娠中絶も問題となっている。

○このため、学校全体で共通理解を図りつつ、体育科、保健体育科などの関連する教科、特別活動等において、発達の段階を踏まえ、心身の発育・発達と健康、性感染症等の予防などに関する知識を確実に身に付けること、生命の尊重や自己及び他者の個性を尊重するとともに、相手を思いやり、望ましい人間関係を構築することなどを重視し、相互に関連付けて指導することが重要である。また、家庭・地域との連携を推進し保護者や地域の理解を得ること、集団指導と個別指導の連携を密にして効果的に行うことが重要である。

図1　学校における性に関する指導の基本的な考え方

出典：中央教育審議会（2008）

ラム・マネジメントの視点から、教科等横断的に取り組まれることによって教育効果が高まると考えられている。その際には、体育科および保健体育科をはじめとした各教科、特別活動、総合的な学習の時間、総合的な探究の時間、特別の教科　道徳などにおいて、それぞれの指導の特質に応じて適切に行われることが求められる。また、それらの指導の関連を図り、学校全体で共通理解をした上で進めていく必要がある。そして、児童生徒の発達の段階を踏まえて、性に関する科学的知識を身に付け、生命を尊重する態度や異性などの理解と共生やジェンダー平等の精神を育み、自ら考え適切に判断して意思決定・行動選択を行うことができる能力を培いたい。

3．学校における性に関する指導の一層の充実に向けて
―教員養成の視点から―

（1）教職課程に在籍する大学生を対象とした調査の目的および方法

　ここでは、性に関する指導の重要な機会の一つと言える保健体育科および社会科の教員免許状の取得を目指す大学生における性に関する知識および意識の

状況を検討し、教員養成の視点から学校における性に関する指導の改善、充実に向けた示唆を得ることを目的とする調査を実施した。調査は、2021年1〜3月に、関東圏の2大学に所属し、保健体育科または社会科の教員免許状の取得を目指すための授業科目を履修する1〜4年生135名を対象として、無記名の質問紙法を用いて実施した。解析対象は、科目等履修生などを除いた131名とした。質問項目として、性に関する知識問題については公益財団法人日本学校保健会 (2017) による全国調査の問題から8問を用いた。この8問はいずれも小学校、中学校および高等学校の学習指導要領 (2018、2019) に位置づけられている内容である。性に関する意識については12項目を設定した。小学校、中学校および高等学校における性に関する学習の経験については、公益財団法人日本学校保健会 (2017) による全国調査の質問項目を参考にして作成した。なお、本調査は筑波大学体育系研究倫理委員会の承認を得て実施された (課題番号：体020-125、2020年11月11日)。

（2）調査の結果および考察

　まず、小学校、中学校、高等学校の保健授業における性に関する学習の経験について見ると (**表1**)、「好きでしたか」に対する肯定的な回答 (「好きだった」と「どちらかといえば好きだった」の合計) の割合は、小学校で23.7%、中学校で38.9%、高等学校で42.0%であり、低調な状況が示された。同様に「考えたり工夫したりできましたか」に対する肯定的な回答の割合は20.6〜42.7%、「わかりましたか」に対する肯定的な回答の割合は53.4〜85.5%であった。保健授業以外の特別活動、総合的な学習の時間、道徳などにおける性に関する学習

表1　小学校、中学校、高等学校の保健授業における
性に関する学習の経験 (各質問に対する肯定的な回答の割合 n=131)

(%)

	「好きでしたか」	「考えたり工夫したりできましたか」	「学習した内容はわかりましたか」
小学校	23.7	20.6	53.4
中学校	38.9	37.4	77.9
高等学校	42.0	42.7	85.5

表2　小学校、中学校、高等学校の特別活動、総合的な学習の時間、
道徳等（保健授業以外）における性に関する学習の経験
（各質問に対する肯定的な回答の割合 n=131）

(%)

| | 「好きでしたか」 | 「考えたり工夫した
りできましたか」 | 「学習した内容は
わかりましたか」 |
|---|---|---|---|
| 小学校 | 18.3 | 21.4 | 30.6 |
| 中学校 | 26.7 | 29.8 | 44.3 |
| 高等学校 | 32.1 | 36.6 | 51.1 |

の経験については（表2）、いずれの学校種においてもさらに十分でない状況で
あった。

　次に、性に関する知識の状況を見ると（表3）、設定した8問の正答率は
17.6%〜90.8%であった。そのうち、3問（「生殖機能の発達とホルモン」、「エイ
ズの疾病概念とHIVの感染のしかた」、「女性の性周期」）において正答率が60%未満
であるなど、全体として必ずしも正答率が高いとは言えず、高等学校までに学
習している内容にもかかわらず憂慮される結果であった。正答率の男女差につ
いては、「女性の性周期」について男子の方が有意（p<0.05）に低率であった。
同様に専攻別で見ると、「生殖機能の発達とホルモン」について社会科専攻学
生より保健体育科専攻学生の方が有意（p<0.05）に低率であった。

表3　性に関する知識の状況（各問題の正答率）

(%)

| 知識問題の内容 | 男子
(n=80) | 女子
(n=50) | 保健体育科[※1]
(n=100) | 社会科[※2]
(n=31) | | 全体 |
|---|---|---|---|---|---|---|
| 生殖機能の発達 | 90.0 | 88.0 | 89.0 | 90.3 | | 89.3 |
| 月経のしくみ | 88.8 | 86.0 | 87.0 | 90.3 | | 87.8 |
| 生殖機能の発達とホルモン | 20.0 | 14.0 | 12.0 | 35.5 | * | 17.6 |
| 家族計画とは | 73.8 | 64.0 | 67.0 | 80.6 | | 70.2 |
| エイズの感染経路 | 92.5 | 88.0 | 89.0 | 96.8 | | 90.8 |
| わが国のエイズ患者数の動向 | 77.5 | 66.0 | 74.0 | 71.0 | | 73.3 |
| エイズの疾病概念とHIVの感染のしかた | 57.5 | 58.0 | 58.0 | 58.1 | | 58.5 |
| 女性の性周期（基礎体温・子宮内膜の変化と排卵） | 33.8 | 58.0 * | 48.0 | 29.0 | | 43.5 |

* p<0.05（x^2分析）
※1 保健体育科専攻学生
※2 社会科専攻学生

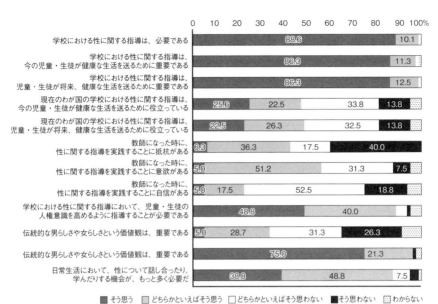

図２　性に関する意識の状況（男子　n=80）

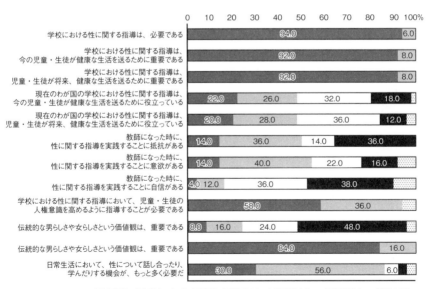

図３　性に関する意識の状況（女子　n=50）

　さらに、性に関する意識の状況を見ると（**図2、図3**）、性に関する指導の必要性や重要性はほとんどの者が認識していることが示された一方で、現在の学校における性に関する指導が現在および将来の児童生徒の健康な生活に役立っているかという項目については、「そう思わない」および「どちらかといえばそう思わない」と否定的な回答をした者の割合が50％近く見られた。この点については、学校における性に関する指導が必ずしも十分でないことを示唆するものと捉えられるが、その理由については、学習内容に起因するものであるのか、それとも指導方法を含む教師の側に起因するものであるのかは、本結果からは不明である。いずれにしても、子どもたちが生涯にわたって健康な生活を営んでいく力を育成するために、性に関する指導の一層の充実が求められよう。

　性に関する指導を実践することについて、「抵抗がある」者（「そう思う」と「どちらかといえばそう思う」と回答した者の合計、以下同様）の割合は、男子42.6％、女子50.0％であった。泉彩夏ら（2021）によれば、性に関する指導に対する抵抗感の背景の一つとして、教師自身のジェンダーに関わる意識が挙げられている。男性の教師であれば女子生徒に指導することに対して、女性の教師であれば男子生徒に指導することに対して、特に抵抗を感じることについて報告している。この点については、本結果において性に関する指導を実践する「自信がある」者の割合が男女ともに約20％に、「意欲がある」者の割合が男女ともに約55％に、それぞれ留まっていることとも関連があると思われる。性に関する指導について、教師の抵抗感をどう軽減し、指導に対する自信や意欲をどう高めるかについて、今後検討していくことが重要である。

　「伝統的な男らしさや女らしさという価値観は重要である」と思う者の割合は男子33.7％、女子24.0％であり、男子の方が高率の傾向であった。今日ではジェンダー平等が目指され、ジェンダー観も変化してきていると言われているものの、本対象の男子では約3人に1人が、女子では約4人に1人が、それぞれ伝統的なジェンダー観を有していることが示され、注目された。「性の多様性について理解することは重要である」と思う者の割合は男子96.3％、女子100.0％であり、男女ともに高率であった。本対象である大学生の年代においては、性の多様性についての理解がある状況が示されたと言える。

　以上のことから、本対象の保健体育科および社会科の教員免許状の取得を目

指す大学生において、性に関する基本的な知識が十分に身に付いていないこと、性に関する指導についての重要性は認識しているが現在の指導が子どもたちにとって役立つものとは必ずしもなっていないと危惧していることが示され、性に関する指導を実践する前向きな意識を持っていない者も少なからず見られた。性に関する指導は学校教育全体を通じて行われるものであり、教育に関わるすべての教員が性に関する知識や指導することへの意欲などを有していることが求められる中で、こうした状況は改善されるべきものと捉えられる。

　教員養成課程における教育への示唆を得る視点から、この結果を成人学習理論の枠組みから考察すると、ペダゴジーと比較して、成人の学習に対する教授法とされるアンドラゴジーでは、自己主導的なニーズを持つ、自身の経験が学習の資源となる、学習のレディネスとして直面する問題がある、問題中心型の学習を志向する、などの成人の学び方の特徴を前提とすることが重要とされる（Knowles MS 1978）。性に関する指導の充実に向けて、養成段階においては、すべての人が生涯を通じて自分の性と向き合っていく必要があるということを踏まえ、極めて身近で重要な課題であると捉えて知識の習得を動機づけること、性に関する正しい知識を背景として、指導することに対する過度の羞恥心や抵抗感を払しょくすること、授業における具体的な教材や指導方法などの提示によって実際の指導のイメージを持たせるとともに模擬授業などを経験することなどによって指導の自信を持たせることが今後一層必要であると考えられた。

　最後に、性に関する指導について「すべての人の個人としての価値と尊厳を尊重し、人権を実現させるという観点からの教育であるべき」という福田弘ら（2016）の指摘を重く受け止めておきたい。性に関して、国際的にみて性差別や性暴力などの深刻な問題が顕在化している中で、日本の学校教育においても人権やジェンダー平等の視点も含めて性に関する指導を実践していくことのできる教員を育成していく必要がある。性に関する指導を工夫して実践している教員の特徴として、性に関する多様な価値観を身に付け、理解していることが挙げられ、そうした価値観はとりわけ大学教育において受講した授業や経験によって培われていることが示されている（Kataoka C et al. 2021）。養成課程においては教員としての指導力の向上とともに、意識の改善や向上においても大きな意義があり、その求められている役割を果たしていきたいと思う。

[参考文献]

中央教育審議会(2008)「幼稚園、小学校、中学校、高等学校及び特別支援学校の学習指導要領等の改善について(答申)」

福田弘・艮香織(2016)「性教育も人権教育の基盤の上で(特集「道徳」と性教育)」『Sexuality』77、79-90頁

石川由香里(2018)「青少年の性被害経験は増えているのか―見知らぬ人・身近な人からの暴力―」林雄亮編著『青少年の性行動はどう変わってきたか―全国調査にみる40年間―』ミネルヴァ書房

泉彩夏・片岡千恵・佐藤貴弘(2021)「保健体育科教師の性に関する指導におけるポジショニング―ポジショニング理論を用いた分析―」『保健科教育研究』6(1)、2-10頁

Kataoka C, Sato T, Izumi A (2021) Japanese health and physical education teachers' experiences in sexuality education of secondary education. *International Journal of Sport and Health Science* 19: 58-64.

警察庁生活安全局少年課(2022)「令和2年中における少年の補導及び保護の概況」 https://www.npa.go.jp/publications/statistics/safetylife/r2syonentoukei1.pdf

警察庁生活安全局少年課(2022)「令和3年における少年非行、児童虐待及び子供の性被害の状況」 https://www.npa.go.jp/news/release/2022/R3syonentokei.pdf(chrome- https://www.npa.go.jp/bureau/safetylife/syonen/pdf-r3-syonenhikoujyokyo.pdf)

北村邦夫(2017)『第8回男女の生活と意識に関する調査報告書2016年―日本人の性意識・性行動―』日本家庭計画協会

Knowles MS (1978) *The adult leaner-A neglected species- 2nd ed.* Houston: Gulf Publishing Co.

公益財団法人日本学校保健会(2017)「保健学習推進委員会報告書―第3回全国調査の結果―」

厚生労働省(2021)「令和2年(2020)人口動態統計(確定数)の概況」 https://www.mhlw.go.jp/toukei/saikin/hw/jinkou/kakutei20/dl/15_all.pdf

厚生労働省(2021)「令和2年度の人工妊娠中絶数の状況について」 https://www.mhlw.go.jp/content/11920000/000784018.pdf

内閣府男女共同参画局(2021)「男女間における暴力に関する調査(令和2年度調査)」 https://www.gender.go.jp/policy/no_violence/e-vaw/chousa/r02_boryoku_cyousa.html

野津有司(1988)「21世紀に向けた学校における性・エイズ教育の在り方」『スポーツと健康』30(12)、31-34頁、第一法規

白河桃子(2022)「仕事・出産を視野に入れたライフプランニング―実践からの学びと留意点―」『保健の科学』64(7)、447-450頁、杏林書院

戸田芳雄(2011)「性教育・エイズ教育」財団法人日本学校保健会『平成23年度版学校保健の動向』165-172頁、丸善出版

塚原久美(2022)「産みたいときに産める社会を」『保健の科学』64(7)、451-455頁、杏林書院

第4章 検定道徳教科書においてジェンダーバイアスは解消されたのか

田中 マリア・細戸 一佳・宮本　慧・馮　楠

1．はじめに

　2015年の学習指導要領一部改訂から、道徳教育の領域では、授業としての指導場面である「道徳の時間」が「特別の教科　道徳」（以下「道徳科」）に改められ、検定教科書が導入されることとなった。これにより、「道徳科」において使われる学習材に関しても従来の副読本のように複数の選択肢から教師が任意に使用できる状況とは異なり、採択された教科書を使用することが義務づけられることとなった。もちろん、道徳の場合は学習材に関しても積極的な開発が奨励されているなど、必ずしも教科書しか使えないわけではないし、補充資料の充実などを含めて教師の使い方に関して裁量の余地もないわけではないが、やはり教科書として採択されている以上、これまでの副読本とは比重の異なる存在となっている可能性は十分考えられる。また、そのことにより、教科書の内容が生徒に与える影響はより大きくなっている可能性もある。

　道徳の学習材に関してはこれまでも、ジェンダー平等の観点から、男性を主人公とした資料が女性のそれより多い傾向のあることが明らかにされてきた[1]。また、検定教科書が導入された直後にも偏りのあることが指摘されたところである[2]。しかしながら、それらはいずれも小学校の道徳教科書を対象としたものや、2015年の一部改訂を受けて作成された版を対象としたものであった。また、分析の視点として、先行研究では、登場人物の描かれ方は見ているが、内容項目との関連に関心を置いて検討されたものではなかった。

　ジェンダー問題は、一般的に第二次成長期を迎える中学校段階においてより直接的に顕在化してくる傾向にあり、また、「SDGs」の採択から最初の道徳教

科書の作成まではあまり時間が経過しておらず、そのため、「2030アジェンダ」など今日、国内外で隆興している「ジェンダー平等」の気運の高まりを十分反映していない教科書であった可能性もある。

　以上のことから、2021年に改訂された新版の中学校道徳教科書を対象として、内容項目との関連に焦点をあてつつ、ジェンダー平等の観点から分析してみた時、検定道徳教科書においてジェンダーバイアスは解消されたといえるのか、検証してみる必要性があると思われた。

　筆者らは本稿に先立ち、主要な教科書会社（東京書籍、日本文教出版、光村図書、教育出版）の中学校道徳教科書について、各資料の話者および主人公に関して、各内容項目と関連づけられた資料において男女いずれの性別がどのくらい用いられているか調査した。その結果、以下のことが明らかとなった。

　まず、男性を主人公とした資料について、総数の多い内容項目は「D-22　よりよく生きる喜び」(16編)、「B-8　友情、信頼」、「C-11　公正、公平、社会正義」(それぞれ14編)、「A-5　真理の探究、創造」、「C-12　社会参画、公共の精神」(それぞれ10編) であった。他方、女性を主人公とした資料について、総数の多い内容項目は「D-19　生命の尊さ」(20編)、「B-6　思いやり、感謝」(12編)、「A-1　自主、自律、自由と責任」、「C-12　社会参画、公共の精神」(それぞれ10編) であった。

　これらの資料を、男女差に着目して比較してみると、男性を主人公とした資料の方が女性のそれより5編以上多かった内容項目は「D-22」「B-8」「C-11」「A-5」であった。特に「D-22」については男女差が10編と多く、「よりよく生きる喜び」を学ばせる、あるいは学ぶ側の性として教師と生徒が目にすることになるのは、意図の有無は不明であるが、結果として「男性」の方になっている現状のあることがわかった。それに対し、女性を主人公とした資料の方が男性のそれより5編以上多かった内容項目は「D-19」であり、その男女差は14編と最も多く、こちらもまた、「生命の尊さ」を学ばせる、あるいは学ぶ側の性として教師と生徒が目にすることになるのは、意図の有無は不明であるが、結果として「女性」の方になっている現状のあることがわかった。なお、資料数が男女同数だった内容項目は「C-12」であり、どちらも10編ずつ配当されていた。この項目に関しては、いわゆる「男女共同参画社会」という言葉にあらわ

れるように、「ジェンダー平等」が意識されやすく、そのことが教科書を作成する際にも反映されている可能性が示唆された[3]。

　ただし、この調査は男女の資料数の差異を明らかにしたものであり、両者の描かれ方まで検討したものではなかった。同じ主人公でも描かれ方が男女によって異なる可能性もあることから、本稿ではこの点についてより詳細な調査を行うこととした。具体的には、特に数の上で最も男女差が顕著だった「生命の尊さ」(D-19)と「よりよく生きる喜び」(D-22)を取り上げ、各内容項目に割り振られている資料に関して、主人公を中心に登場人物などが内容項目に対しどのように向かい合っているのか、どのような性格傾向を持った人物として描かれているのか、主人公の他者との関り方について、特に家族像や家庭内での位置づけや役割、あるいは他の家族との関係性などがどのように描かれているか、主人公の職業、ジェンダー平等の観点から見た時特筆すべき事項と考えられる点などから分析を行った。

2．「生命の尊さ」(D-19)に関する資料の特徴

　内容項目 D-19「生命の尊さについて、その連続性や有限性なども含めて理解し、かけがえのない生命を尊重すること」に関して、『中学校学習指導要領解説 特別の教科 道徳編』(以下『解説 道徳編』)では「生命を尊ぶために、まず自己の生命の尊厳、尊さを深く考えることが重要」であり、「生きていることの有り難さに深く思いを寄せることから、自己以外のあらゆる生命の尊さへの理解につながるように指導することが求められている」とされている。また近年、「身近な人の死」や「人間の生命の有限さやかけがえのなさに心を揺り動かされたりする経験」の少なくなっている現状が指摘されている。指導にあたっては、「例えば、それぞれの生命体が唯一無二の存在であること、しかもそれらは全て生きているということにおいて共通であるということ、自分が今ここにいることの不思議(偶然性)、生命にいつか終わりがあること、その消滅は不可逆的で取り返しがつかないこと(有限性)、生命はずっとつながっているとともに関わり合っていること(連続性)、生命体の組織や生命維持の仕組みの不思議などを手掛かりに改めて考えさせることができる」とされている。こうした

内容項目とその理解に基づき作成、編纂されている資料に関して、ジェンダー平等の観点から分析した結果、以下の特徴が明らかとなった。

（1）死と臓器移植に関する判断をめぐる相違

　家族など、身近な関係者の脳死とその臓器移植をめぐって男女の向き合い方に相違が見られた。

(W) 脳死状態になった娘（6歳未満の女児）の臓器提供を父母と親族達の総意で決定する。娘にあてた手紙の中で、<u>父が移植を進める理由や意義の説明を理知的に言語化</u>しているのに対して、<u>母は意識を取り戻すことを最後までのぞみ自己の感情を少ない言葉で吐露</u>する。父の言葉は39行で言語化されているのに対し、母の言葉は「お母さんをもう一度抱きしめて、そして笑顔をみせて」のみ。
(M) 家族につらい選択をさせまいと事前に延命措置を断る祖父。延命措置を勧める医師に対し、祖父の意思を尊重したいという想いもあり葛藤する父母。資料後半に尊厳死をめぐる新聞投稿が掲載されており、その事例では、<u>尊厳死に対して賛成を説くのが男子生徒で反対を説くのが女子生徒</u>となっている。
(W) 脳死状態となった姉の臓器移植をめぐって家族内で議論があった際、姉の臓器が他者の中で生き続けると<u>臓器移植の意義を説き</u>、姉自身の<u>意思を尊重しようとする父親</u>と、それに対し、<u>脳死を死と認めず</u>、うつむいて姉の<u>体を傷つけたくないと泣き崩れる母</u>。母と同様に<u>反対する次女</u>である主人公生徒。
(M) ドナー提供者である市役所の職員について、骨髄移植に関して「人の役に立つ」<u>意義を重んじる主人公男性</u>と、<u>身体に傷をつけることに抵抗する主人公の母</u>。
(N) 脳死を死と認めるか否かをめぐる議論を通して生命の重さを考えさせるワークシートにおいて、賛成派、反対派、それぞれの新聞投稿が紹介されているが、<u>医学部講師である男性</u>は、医師として移植に携わった経験から<u>脳死を死と認められるようになった</u>という自らのエピソードとともに臓器移植に賛成の立場をとっているのに対し、<u>主婦である女性</u>は脳死を死と認められないとして<u>反対の立場</u>をとっている。

※表の(W)(M)(N)は、資料の主人公の性別がそれぞれ女、男、その他を意味する。以下、同様。

　このように、脳死や臓器移植をめぐっては、男性はおおむね、脳が死んだ状態を死と判断する考え方を受け入れ、臓器移植によって助かる命があることや移植した人の体の中でその人が生き続けるといった意義を見出し、そのことを必要に応じて言語化して伝える場面が多かった。これに対し、女性はおおむね、心臓が動いている状態での脳死を死とは認められず、とりわけ身体に傷をつけることに強い抵抗を示す様子が描かれていた。

（2）家族の描写における記述の相違

　生命の誕生や終末期、病床の様子を描いた場面において、家族内でのポジションや存在感に男女間の相違が見られた。

(W) 震災で母を亡くした主人公女性がボランティア団体によって前向きな気持ちを少しずつ取り戻すが、夫や父親の記載はない。
(N)「詩」の挿絵として、母親が赤ん坊を抱く周囲を、人や動植物、星々や燃える太陽などが取り囲んで祝う絵が描かれているが、父親らしき姿はない。
(N) 障害を抱え短命であった男児に対し母親が世話をしたり成長を喜んだりする話が描かれているが、父親は子どもを見守っている様子は見られるが世話に関する記載が乏しい。
(M) ドナー提供者である主人公男性から移植の意義を説明される二人の息子と、移植に反対する母が登場するが、主人公の妻に関する記載はない。
(W) ホスピスのボランティアをしている主人公女性が末期癌患者の男性をケアする中で出てきた話題を母と共有する記載はあるが、夫や父親の記載はない。
(M) 主人公のぼくを世話してくれた曾祖母の晩年の話で、曾祖母の終末期に主人公の母が世話をしている様子が描かれているが、父は挿絵では登場するものの本文中に記載はない。なお、母は介護職をした上で育児や介護もしている。
(W) 息子を亡くした（息子の死）ために娘に十分向き合えなかったことを後悔する母とそうした母の気持ちを理解する娘が描かれているが、祖父母や父に関する記載がほとんどない。
(W) 夫婦で盲導犬の養育ボランティアをしているが、盲導犬の世話や生死をめぐる場面において夫の記載はない。
(W) 体験ナースをした主人公女性が母に感謝の意を伝える場面があるが、父親含め男性に関する記載はない。
(W) 主人公の癌患者の女性が弁論大会で命の大切さを訴える場面と闘病生活の場面が出てくるが、家族構成が主人公の母と弟妹の4人家族で父の記載はない。
(W) ユダヤ人の悲劇の中で死に向かう列車から赤ん坊であった主人公女児を列車の外に逃がす母とその赤ん坊を育ててくれた養母が登場するが、母を励ます父親像は描かれているが、養父に関する記載はない。

　このように、生命の誕生や終末期、病床の様子を描いた場面において、家族内でのポジションや存在感に男女で大きく差があり、いずれも家事育児介護など、家族の世話などに関わることは母、祖母、曾祖母など、ほとんど女性が担

当しており、とりわけ夫や父親など、男性の存在が非常に希薄であった。また、夫婦が一緒に何かに取り組んでいたり、何かを話し合ったり、会話をしたりする場面もほとんど描かれていなかった。

（3）女性や母親としての性格描写

　上記のごとく、女性が家事育児介護など、家族の世話をする描写が多かったことと関連して、女性の性格描写においても、家族あるいは他者を献身的に世話することに喜びを感じたり、愛情をもって接したりする人柄として描かれている場面が多く見られた。

> (W) 殺処分される犬猫の世話をする。動物好きで世話好き。生き物に対して献身的。職務を超えて世話をする／ (W) 心から敬愛していた老女の終末期に際し、亡くなるまでの2か月間、家族でないにもかかわらず介護と付き添いをした／ (W) 震災で亡くなった祖母は孫の面倒見がよかった／ (W) ホスピス職員として終末期ケアを行う医療施設で人の心のケアを担当する／ (N) 障害をもち短命であった男児に対して日々、献身的に世話をしつつ成長を喜ぶ母／ (W) 将来人の世話をする仕事をしたいと考えていた姉／ (W) ケアする対象者として末期癌患者と出会うことに喜びを感じているボランティア女性／ (W) 姉として妹の誕生を喜び、世話をしようとする／ (W) 出産に至る母と子の命がけの共同作業を支える助産師としての仕事に責任と喜びを感じる。生命が誕生する瞬間に立ち会い感動する。／ (W) 修道女として献身的な愛と強い信仰心を持つ／ (W) 息子を亡くして悲しみに暮れる母の思いを理解し、母に寄り添う娘／ (W) 盲導犬の世話に喜びを感じている／ (W) 体験ナースの仕事に意欲的で妊婦をみて感動する／ (W) ユダヤ人女性に起こった悲劇に際し、名前をささやき、愛しているわと涙を流し神様にお祈りを捧げる母。「かあさま」は自分が「死」に向かいながら、私を「生」に向かって投げた。命の危険を顧みず、母に代わってユダヤ人である主人公女性の誕生日を決め、名前をつけ、養ってくれた養母

　その他、女性の側のみに見られる描写として、夫や子どもなど家族や親族に先立たれた場合において、そのような状況の中で自分だけ生きていることに対して自責の念や罪悪感、引け目などを感じているケースが散見された。

> (M) 迷惑をかけないように気を遣ったり、夫も息子もいないのに長生きしている自分を申し訳ないと思ったりしている曾祖母／ (W) 震災で家屋の下敷きになった息子を助けられず自分だけ生き残ったことに自責の念を感じる母／ (W) 震災で助かった主人公の祖母は自分だけが生き残ってしまったと泣く。

　なお、同様に妻と娘を震災で亡くした男性の描写も見られるが、そのような資料においては、自責の念や引け目などの記載はなく「ふとんの中で声を殺して泣いた」や「お酒に頼る日々が続いた」といった描かれ方がなされていた。

　「生命の尊さ」（D-19）では女性を主人公とした資料が男性のそれより14編多かったことは前回の調査で指摘したことであるが、今回、それらの資料における男女の描かれ方を見た時、女性は出産育児家事介護など、家族の世話をはじめ他者のケアを引き受ける場面が多いことや、その描かれた方に関しても、ケアや献身的態度で喜びをもってそれらを担っていることが確認された。また、それらの場面において夫や父親といった男性がほとんど登場しないことも確認された。

（4）病気や死など、はかない存在として描かれる女性

　さらに、脳死や終末期、災害や闘病など、命のはかなさ、尊さなどを考えさせる資料において、病気や死など、はかない存在として描かれるのは、多くが女性の方であることが確認された。

肺がんの祖父、末期癌男性；体力が落ちても真剣に作品を作り、<u>一生懸命生きよう</u>とする。震災で家屋の下敷きになった息子
祖父はじめ親戚一同死亡
脳死状態になった娘（6歳未満の女児）、癌患者の女性、ハゲワシに狙われる瀕死の少女、老女が亡くなる、終末期の曾祖母、震災で母を亡くす、仮死状態で生まれた妹、お酒を飲んで精神安定剤を服用したために意識が戻らなくなりチューブで全身をつながれた娘、路上で倒れていた瀕死の老婆、闘病中の娘、妻と娘の死、脳死状態となった姉

　また、このように病気や死の場面が描かれる女性に対して、男性に関してはこのようなケースの資料自体が少ないことに加え、例えば「小柄で華奢、腎炎で入院。マラソン大会で先生から心配される」ような「体の弱い男子生徒」として描かれている資料においてさえ、所属は野球部と卓球部でマラソン大会でも優勝し、成長後は医者にまでなっている姿が確認された。

（5）男性を主人公とした資料の描かれ方

　なお「生命の尊さ」との関わりで男性が主人公の資料も6編見られたが、それらの資料における男性の描かれ方は以下の通りであった。

---

1) 震災で家族全員が死亡した場面に際し、ささやかな生活の幸せを人々に問いかける語り部になる／2) 本人の拒絶した祖父の延命措置をめぐる家族内での議論に際し葛藤する。／3) 報道カメラマンとして瀕死の少女とそれを狙うハゲワシの写真を撮影し命の過酷さに涙する。／4) 中学校時代に小児科病棟で見聞した子どもたちの死と、成長し医師となってから見聞した多くの人の死を通して読者である中学生諸君に命の不思議さや生きていることの奇跡を伝える。／5) ドナー提供者として迷いつつも人の命を助けようとする。／6) 曾祖母との暮らしやその死を通して互いに支え合って生き、生かされていることに気づく。

　このように、男性を主人公とした資料においては、男性は家族の死や周囲の人たちの死を見聞きすることで「生命の尊さ」に気づかされたり、考えさせられたりする存在として、あるいは、実際に誰かの世話をするというより、自らがケアをされる対象であったり、経験した生命の尊さについて他者に伝えようとする存在として描かれる傾向が見られた。

（6）その他

　その他、「命の尊さ」に関する資料について、登場する人物の職業に関しては以下の通りであった。

女性）動物保護センター職員、記者、フォトグラファー、ホスピス職員、国境なき医師団の女医、生徒、ホスピスのボランティア、助産師、女子修道院長、盲導犬家庭内養育ボランティア、体験ナース、その他、職業に関する記載のない立場（患者、主婦、病死など）

男性）陸上自衛官、報道カメラマン、医者、日本で初めての骨髄提供者の市役所職員、児童生徒

　このように女性に関しては、主婦も含めて他者の世話やケア的な仕事に従事しているものが多く、他方で男性に関しては、自衛官、報道カメラマン、医者、市役所職員など、福祉以外の多様な職種に従事しているものが多く、介護や看護などいわゆるケア的な仕事に従事する姿が描かれたものはほとんどなかった。

3.「よりよく生きる喜び」(D-22) に関する資料の特徴

　内容項目 D-22「人間には自らの弱さや醜さを克服する強さや気高く生きよ
うとする心があることを理解し、人間として生きることに喜びを見いだすこ
と」に関して、『解説　道徳編』では「人間の強さと気高さは、弱さと醜さと決
して離れているわけではなく、言わば、表裏の関係」であること、「『気高く生
きようとする心』とは、自己の良心に従って人間性に外れずに生きようとする
心」であることを理解することが求められている。また、「人間としての生き
る喜び」とは「自己満足ではなく、人間としての誇りや深い人間愛でもあり、
崇高な人生を目指し、同じ人間として共に生きていくことへの深い喜びでもあ
る」。指導にあたっては、「まず、自分だけが弱いのではないということに気付
かせることが大切である。弱さや醜さだけを強調したり、弱い自分と気高さの
対比に終わったりすることなく、自分を奮い立たせることで目指す生き方や誇
りある生き方に近付けるということに目を向けられるようにする必要」があ
り、「生徒が、自分の弱さを強さに、醜さを気高さに変えられるという確かな
自信をもち自己肯定でき、よりよく生きる喜びを見いだせるような指導」が求
められている。こうした内容項目とその理解に基づき作成、編纂されている資
料に関して、ジェンダー平等の観点から分析した結果、以下の特徴が明らかと
なった。

(1) 合目的的な男性像と感情的な女性像

　主人公を中心とする登場人物の言動を見た時、その特徴や傾向性に関して、
男女間に相違が見られた。

(W) ベトナム戦争の際に見かけた傷だらけの母子を撮影しようとしたプロフォト ジャーナリストである<u>女性</u>だが、子をかばおうとする母の姿を見て<u>撮影できなかった</u>。 帰国後、<u>同僚の男性</u>プロカメラマンからは自分だったら<u>プロとして写真を撮る</u>といっ た言葉をかけられたが、主人公の<u>女性</u>はプロカメラマンである前に一人の普通の<u>人間</u> <u>でありたい</u>と考えた。
(W) 病気による劣等感と、治療の辛さに、どうせ死ぬと<u>なげやり</u>になっていた<u>闘病者</u> <u>である女性</u>が、腎臓移植を機に、絶望することなく<u>夢や希望を見出す</u>とともに<u>幸福を</u> <u>感じ</u>、細胞の一つ一つまで大切に生きていこうとする。

(W) 陸上世界選手権アメリカ代表であった主人公の<u>女性</u>は、普段飲んでいたサプリメントにドーピングの可能性のあることを知り、一度は拒否したものの結果が出せず再びドーピングに手を出し優勝をするが、<u>本当の自分じゃない</u>、と意識を改め、ドーピングを告白し、獲得したメダルなどをすべて返還する。
(W) バイオリニストである主人公の女性は、<u>自己評価と周囲からの期待や評価とのギャップ</u>に苦しみ、成果も出せなくなったが、ボランティア団体から紹介された演奏会の末期癌患者の聴衆たちの一人から「生きていてよかった」と告げられ、<u>自分の自信のなさや完全ではない弱さを受け入れ</u>、<u>自分を取り戻せた喜び</u>、<u>生きている喜び</u>を感じる。
(M) 病気の娘を持つ主人公である<u>父親と兄</u>が家族を守るという<u>目的のために</u>、夜半に訪れた旅人に<u>冷たい態度</u>をとった。<u>母と娘</u>は事情を理解しつつも<u>旅人に同情</u>する。
(M) 死亡事故の<u>罪</u>を贖うべく必死に働いて被害者遺族に仕送りをつづける主人公<u>男性</u>。それに対し、男性を「人殺し」とののしり<u>強く憎む</u>も、長年送金される仕送りが亡くなった主人のことを思い出させ、<u>つらくなる</u>という理由からそれを辞退する<u>被害者男性の妻</u>。
(M) 四肢麻痺の障害を持つ主人公の展覧会を見に来た客の美大<u>女性</u>は、<u>泣きながら感動を伝え</u>に来る。付き添いの<u>女性</u>たちも主人公の<u>母の献身</u>をほめたたえるとともに<u>泣く</u>。他方、<u>画廊の男性</u>は展覧会に向けてさまざまな<u>アドバイス</u>をする。センター所長の<u>男性</u>も展覧会の様子を主人公に<u>伝え</u>にくる。

　このように、男性に関しては、家族を守るという目的のために他者に冷たい態度を取ったり、四肢麻痺の障害をもつ主人公男性の展覧会にあたり、様々なアドバイスをしたり、展覧会の様子を主人公男性に伝えるなど、全般的に合目的的な言動をする姿が多く描かれていた。他方、女性に関しては、家族を守ろうとする父親の事情は理解しつつも旅人に対する同情心が出てしまったり、展覧会の際も泣きながら感動を伝えたりするなど、全般的に感情を吐露する姿が多く描かれていた。さらに、女性に関しては、幸福、喜びなどポジティブな感情を記述したものや他者からの期待や他者の評価に対して自分自身の気持ちや自己評価とのギャップに葛藤する描写など感情を描写する場面も多く見られた。

（2）自己の向上を志向する男性像と人間愛を優先する女性像
　また、「よりよく生きる喜び」という内容項目への向き合い方として、価値観や信念に関して、男女間に相違が見られた。

(W) 陸上選手権の大会において、同国アメリカの主人公女性に負けたライバル<u>女子選手</u>は、負けても主人公の優勝を<u>自分のことのように喜ぶ</u>。
(W) 恵まれない子どもたちのために生きることによろこびを感じる。主人公の<u>女優</u>はプロ意識も強かったが、<u>周囲からの評価と自己のやりたいこととのギャップに悩んでいた</u>。結局、女優業では幸せを感じられず、遠ざかる。<u>人間愛に目覚め</u>、恵まれない<u>子どもたちを救うことに喜びを感じる</u>。
(M) 過去に殺人と窃盗などの<u>罪を犯した</u>主人公<u>男性</u>が、悔いてそれを贖おうと槌をふるい続ける中で<u>喜怒哀楽のすべてを超越し仏心を得て徳高き僧</u>と人々に思われるほどになった。
(M) 四肢麻痺になっても口で字や絵をかけることを知り、<u>絶望の淵から這い上がれそうに思い</u>、一生懸命<u>努力</u>を重ねた。
(M) プロ野球選手である主人公<u>男性</u>は苦しくてもやりとげる<u>ひたむきさや謙虚さ</u>があった。高額な年俸を断ってでも世話になったチームやファンへの恩を優先し、<u>誇りある生き方</u>をする。
(M) バイオリン職人である主人公<u>男性</u>は<u>職人気質で完璧主義</u>だった。主人公男性と弟子は<u>ライバル関係</u>になる。
(M) パラリンピック選手である主人公の<u>男性</u>は自身の<u>精神的な弱さ</u>と向き合い、トレーナーの力を借りて<u>精神面の殻を破り</u>、<u>自分を鼓舞</u>するようになる。
(M) アフリカにわたった<u>男性</u>医師が自分に与えられた使命を自覚し、それを果たすことを<u>誇りに思い、生きがい</u>を持つ。

　このように、男性に関しては、プロ野球選手である主人公の高いプロ意識や誇り高く生きようとする姿、バイオリン職人である主人公が満足しない作品には自分のラベルを貼らないなど職人気質で完璧主義である姿、親しい人や家族を日本に残してでも医師としての使命を果たそうとナイロビにわたった男性医師の姿など、全般的に、自らの高い理想に忠実であろうとし、自己の向上を志向する男性像が多く見られた。なお、ありたい自己の姿に忠実であろうとする女性主人公も見られるが、その描かれ方は他者の期待や他者からの評価と自分の感情の葛藤を経た上で「自分らしくありたい」という選択をする形で描かれていた。さらに、女性に関しては、勝負に負けた女性選手がライバルの勝利を自分のことのように喜ぶ姿や、女優業として成功していたにもかかわらず、他者の評価より自己の生き方として恵まれない子どもたちのために生きることを

選択する姿など、「人間愛」を優先する女性像が多く見られた。

（3）欠点や弱点などに関する描写の相違

　さらに、両者の性格描写に関しても、男女間で相違が見られた。

(W) 震災で家屋の下敷きになった母を必死で助けようとする主人公の<u>少女</u>だが、火の手がまわり<u>自分の命の危険を感じた</u>ので、自分を置いて逃げろと言った<u>母をおいて逃げた</u>。そのことに<u>後悔</u>を感じている。
(W) バイオリニストである主人公の<u>女性</u>は<u>自己評価と周りの評価のギャップ</u>に苦しむ。成果を出せなくなり自暴自棄になる。<u>死んだ方がましとも思う</u>。
(M) 主人公である<u>男子生徒</u>は時々嘘をついたりさぼったりするずるさがある。ある事件をきっかけに、自分のずるさを棚に上げ人に文句を言ってごまかしてきたことに<u>向き合い</u>、それを<u>乗り越えよう</u>としていく。
(M) つまずいたあいつをしめしめと思いながらも、そんな<u>自分が蹴りたくなるくらい嫌い</u>で、理想の自分をずっと探している主人公の<u>「ぼく」</u>が、弱さや醜さも自分の姿として受け入れ、<u>他の人とは違う自分らしい未来</u>へ歩を進めようとする。
(M) 貧しい生活に苦労をしていた主人公<u>男性</u>は、足袋欲しさにおばあさんが間違えた<u>お釣りをごまかして着服する</u>。後に、それを<u>後悔</u>しおばあさんをたずねたが亡くなっており、自分に腹が立って泣く。後悔の念を深くしている。
(M) <u>贖罪のために身を削って槌をふるい続ける</u>主人公<u>男性</u>の姿を見て、敵討ちをしようとする<u>自分の姿の醜さに気づく</u>その主人公男性に殺された主の息子。
(M) <u>家族を守るため冷たい対応をした</u>にもかかわらず娘のための薬をくれた旅人にたいする自分たちの行動を<u>恥じ、後悔</u>している。
(M) 入院中の主人公<u>男性</u>は、唯一外の様子を知れる最古参の男性患者を<u>うらやましく思い</u>、その死さえ望むようになるが、その最古参の男性患者が亡くなり、彼のこれまでの話が同室の患者たちを元気づけるための作り話であったことを知り<u>衝撃をうける</u>。
(M) 交通死亡事故を起こした主人公<u>男性</u>は、犯した罪と向かい合い、<u>自己の良心に従って</u>その罪を贖い続けようとする。
(M) 主人公のバイオリン職人は<u>自分の弱さや醜さ</u>と向き合い、<u>自分を取り戻そう</u>とする。

　まず、男性に関しては、「よりよく生きる喜び」の前段階として、内面に「ずるさ、嫉妬心、ごまかし」など自分自身のエゴや利害関係からくる心の弱さや

醜さを抱え、言動としても「殺人、仇討、客人への冷たい対応」など、実際に
罪を犯している様子の描かれたものが多かった。また、それらの弱さや醜さ
は、必ずしも克服されていなかった。それに対し、女性に関しても弱さや後
悔、ネガティブな感情を描いたものが見られるが、それらは必ずしも自分のエ
ゴや利害関係からくるものではなく、自己の生存の危機など不可抗力的なもの
や、周囲からの期待や評価と自己の評価とのギャップなど人間関係に由来する
ものであった。また、女性に見られる弱さに関しては、それを克服するという
より、受け入れたり、自分自身を取り戻したりするような形で解消されていく
傾向が見られた。

（4）その他

　その他、上記以外に特筆すべき点としては、腎臓移植をして健康を取り戻し
た主人公女性が闘病期間中に投げやりになっていた時に感情を吐露する場面が
あったが、そのセリフのなかに、自分も「普通の女の子」のように恋がした
かったといった記述が見られるなど、女性の人生において恋愛が大きな位置を
占めていること、またそれが「普通の女の子」として一般化されていることが
見て取れた。また、挿絵を見ていく中で、例えば、幼児をとっさに助けようと
している女性の姿や、男性の方が女性よりもテストの点数がよい場面などが見
られた。なお、職業は特筆すべき点はなかった。

4．おわりに

　以上、本稿で明らかにしてきた通り、道徳の学習材におけるジェンダーバイ
アスの問題は副読本時代から指摘されてきたところであり、出版社によっては
改訂の際に専門家の知見を取り入れるなど改善に努めている様子も見られるも
のの、検定教科書となった現在もなお残存している状況が確認された。とりわ
け、ロールモデルの提示という観点から見た時、その選択肢の少なさが際立っ
ていたことは指摘せざるを得ない。このことは、道徳教科書の編集者に男性が
多いことも関係しているかもしれない。また、道徳の場合は特に、「ねらい」
とする「道徳的諸価値」や時間的制約との関係で使いやすい学習材を選定して

いくことが優先されるきらいがあり、個々の資料の偏りを厳しく吟味するだけの余裕もないまま、児童生徒の生活現実と異なる数十年前の世相を反映したような古い描写が黙認されてしまっている状況があるのではないか。道徳に関しては検定教科書が導入されたとはいえ、引き続き、魅力的な教材開発も奨励されているところであり、今後そうした観点から一層の教材開発の進展が求められることは言うまでもない。教育現場においても授業者である教師一人ひとりが資料のジェンダーバイアスに自覚的になり、数十年前の家族像やステレオタイプ、限定的なロールモデルなどが残存している可能性を考慮し、他の資料も合わせて活用するなどして現場レベルで調整することを期待したい。

[注]

1) 1990年代中ごろからジェンダー平等の視点を学校教育に向けた研究が確認されるようになってきた。筆者らも道徳の教科化以前に副読本を対象としてジェンダー平等の観点からの分析研究を試みていた。田中マリア・岩本親憲・古川明子・吉田武男「道徳学習における教材開発のための基礎的研究 ―ジェンダーの観点からの小学校副読本分析（1）―」日本教材学会『教材学研究』(14)、2003年3月、227-230頁。／岩本親憲・田中マリア・古川明子・吉田武男「道徳学習における教材開発のための基礎的研究―ジェンダーの観点からの小学校副読本分析（2）―」日本教材学会『教材学研究』(14)、2003年3月、231-234頁。

2) 例えば、歌川光一「中学校道徳教科書の読み物にみる友情のジェンダー表象」昭和女子大学女性文化研究所『女性文化研究所紀要』第46号、2019年3月、97-105頁。／勝木洋子他「教科の中の隠れたカリキュラム―ジェンダー平等の視点から見た道徳教科書の分析―」神戸親和女子大学教職課程・実習支援センター『教職課程・実習支援センター研究年報』(3)、2020年2月、23-34頁。／木村和美「道徳科教科書にみるジェンダー・メッセージ―教材『ブラッドレーのせいきゅう書』に着目して―」広島修道大学『広島修大論集』60巻2号、2020年2月、57-69頁。／上森さくら他「小学校道徳教科書のジェンダー視点からの分析（1）」金沢大学人間社会学域学校教育学類附属教育実践支援センター『教育実践研究』(46)、2020年9月、53-61頁。／上森さくら他「小学校道徳教科書のジェンダー視点からの分析（2）」金沢大学人間社会学研究域学校教育系『金沢大学人間社会学研究域学校教育系紀要』(13)、2021年11月、11-20頁。

3) 田中マリア・細戸一佳・宮本慧・馮楠「ジェンダー平等の観点からみた中学校道徳教科書の分析―内容項目との関連に焦点をあてて―」『筑波大学道徳教育研究』第23号、2022年3月、1-18頁。

第5章 なぜ社会科免許が取得できる学部に女子学生が少ないのか

國分 麻里

1. はじめに

　中等社会科教員に女性が少ない。文部科学省の教員統計調査 (2016) によると、中学校の社会科では男性の約4分の1、高校地歴科や公民科に至っては男性の約6分の1しか女性がいない。リケジョと呼ばれる官民挙げての人数増加が望まれている理系の数学や理科と比較しても、この割合は同程度かそれ以下である。しかし、現在まで日本では教科でのこうした教員の男女比解消の制度的な取り組みは行われていない。第4次男女共同参画基本計画 (2015年12月25日閣議決定) において、女性の参画が社会の多様性と活力、男女間の平等を促進するとされた。この背景には、日本のジェンダーギャップ指数の低下がある。日本社会での約半数という男女比に合わせてこうした不均衡が是正されるのは言うまでもない。後述するが、エイミー・ガットマン (1987) はこうしたジェンダーセグリゲーション (性別分離) は、日々の学校生活で見られる男性管理職が女性教員を支配し、その女性教員が子どもを支配するという男女不均衡を自然なものとして子どもが受容すると指摘している。生徒が中学校や高校で日常的にこうした社会科の男女教員比に接することは、「社会科教員＝男性」だけの問題でなく、その現実社会においても「男性中心の日本社会」を無意識に学んでいる可能性がある。このような理由から、教科や科目における中等女性教師の存在を可視化する必要がある。河野 (2014) はこうした教員の担当教科に見られる男女の不均衡の背景には、教員の出身大学や学部選択もあるとする。

　なぜ社会科教職につながる学部を女子学生は選択しないのであろうか。本章では中等社会科教職を履修している大学生が社会科の教員免許取得することが

できる学部に女子高校生が進学しない理由を考えることで、自分自身の学部選択を振り返り社会科に関わるジェンダーバイアスの一端に自ら気づくことを目的とする。

2．女子高生の学部選択

　社会科に関連したものはないものの、女子高校生の学部選択に関する日本での先行研究として、発達心理学および社会学の研究がある。

　発達心理学の岡本・松下（2002）の研究によると、成長の過程で若い女性には２つの期待を周囲からかけられる。１つは男性と同じように、よく勉強してよい学校や会社に入るという期待であり、２つ目は女性らしく振る舞って欲しいという期待である。問題はこの２つの期待の方向性が異なることである。１つ目の期待に応えようとすると男性並みに勉強して一流企業と言われるよい就職を果たすのであるが、男性のようにそこで終わらず、２つ目の「女性らしく」という昔ながらの女性像を女性は押し付けられるということである。そして、父母や家族のこうした希望は高等教育進学の男女格差に現れる。たとえ高等教育に進学しても、学部や学科は「女性向きの進路」が選択される傾向があり、女性は文系か教養系、男性は理系か実務系という。加えて、同じ専攻であっても、その中でも男女で異なる進路選択が行われる。岡本・松下の例では、医学分野でも女性は医者ではなく看護や薬学、教師でも保育園や幼稚園教師、小学校教師は女性が多く、中学校や高校の教師は男性が多いという偏りである。こうした男女別の方向がある進学は、「男子学生に比べて高い女子学生の無業率や非正規雇用率、選択可能な職種を狭めるといった問題につながっている」（91頁）。また、男性だけでなく女性にもこうした性別役割分業の意識があることを岡本らは指摘している。さらに、女性がいつ進路選択をするのかについては、就職が射程に入る高等教育の時期ではなく、それ以前の高校２・３年にはその後の職業人生を左右する進路決定がなされてあるとする。

　社会学では、山本（2019）が女性比率の低い専攻分野を選択する理由を大学進学女性の出身階層から検討している。女性の専攻分野選択には、地位表示機能への投資と地位形成機能への投資という２つの投資行動がある。地位表示機

能とは、その地位に見合った文化や教養を伝達することで社会の階層構造を再
生産する役割である。対して、地位形成機能とは教育を受けた結果として高い
地位への上昇移動を可能にすることである。これら2つの機能は何らかの市場
での見返りへの投資として専攻の選択を統一的に捉えていることから統合市場
モデルとされる。量的調査の結果、父親がブルーカラーであると人文よりも教
育や理工・医学を選択する確率が高まる。男性の場合は父親がブルーカラーの
場合にのみ教育と結びつきが見られ、女性の方が出身階層と選択分野がより明
瞭となる。加えて、教育や理工、医学の女子進学者は学力が高い女性ほど選択
しやすく、学力が低い場合は非進学や短大進学となる。社会科学についてはこ
うした父親の職業による出身階層とは関連が見られず、親が非大卒であると人
文よりも社会科学に進みやすいという結果がある。父親が専門職・管理職であ
る場合と専攻分野の選択との関連性は見られなかった。結論として、文化的に
豊かな環境に馴染んでいることや専攻との関係よりも、自身の階層的な位置か
ら見て最も見返りが大きいと期待される専攻を選択するということが示唆され
ている。

3．女性社会科教員の現状

　それでは、日本の中等社会科女性教員の立ち位置を確認する。文部科学省の
教員統計調査 (2016) によると、中学校や高校での教員の男女数は以下である。
　まず、**図1**左側の中学校教員の男女比を見ると、総計では男性教員が多少多
いものの、音楽、国語、英語、美術の順で女性比率が多い。逆に社会科、数
学、理科、保健体育、技術・家庭の順で男性比率が多い。社会科は、中学校社
会科の男性教員が1万9980人に対して女性教員は4724人である。右側の高校
での総計では中学校以上に男性教員が多い中で、国語が約半々の比率である。
女性教員の比率が男性より多いのが家庭科と音楽のみとなり、英語や美術でも
男性教員が多くなる。中学校でも男性教員が多かった地理歴史科や公民、数学
や理科、保健体育などでは女性教員は男性教員の4分の1の比率となってい
る。高校地理歴史科は男性教員が1万8580人に対して女性教員は3180人、公
民科は男性1万1398人に対して女性は1837人である。「リケジョ」と呼ばれる

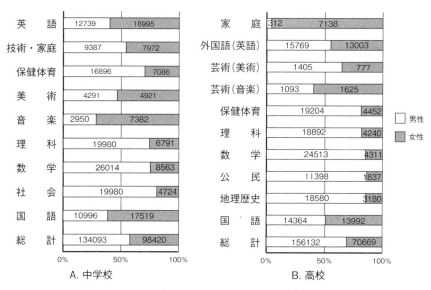

図1　中等教員の教科選択における男女比較

出典：学校教員統計調査（2016）より筆者作成

数学や理科の女性教員よりも社会科関連の科目は同等の水準より少ない。

　それでは、こうした中等社会科の女性教員の傾向は世界的に見られることなのか。以下の表は、教育社会学者の舞田敏彦が OECD「TAUS 2018」より示した世界主要国の中学校段階での女性社会科教員の比率である。

　表1 を見ると、日本以外の国は中学校全教員での女性比率が6割を超えて

表1　中学校の社会科教員の女性比率

	A 全教員の女性比率	B 社会科教員の女性比率	b/a 女性輩出度
日本	42.2	26.1	0.618
韓国	67.3	65.9	0.979
アメリカ	65.8	61.8	0.939
イギリス	64.4	61.9	0.961
フランス	65.3	58.6	0.897
スウェーデン	65.8	55.7	0.847
ニュージーランド	65.4	72.7	1.112

出典：舞田敏彦「女性の政治参加が進まない背景にある、日本の社会科教員の女性比率の顕著な低さ」
https://www.newsweekjapan.jp/stories/world/2022/02/post-98031.php（2022.2.9 確認）

おり、日本だけが 4 割である。社会科教員の女性比率は日本が26.1％である
のに対して、韓国やアメリカ、イギリスは60％台、フランスやスウェーデン
は50％台と半数を示している。ニュージーランドの72％は驚きでもあるが、
日本以外は中学校の社会科教員の半数以上を女性が占めていることがわかる。
女性輩出度も日本の 0.618 は際立って低いことが見て取れる。**表 1** は中学校で
の比較であり高校はないが、世界的に見ても日本は社会科女性教員が少ないこ
とが明確である。それでは、なぜ社会科で女性教員が少ないことが問題なの
か。エイミー・ガットマンは学校の男女教員の現状から以下のように指摘する
（Amy Gutmann 1999＝ 神山 2004）。

　　　学校は社会の現実を単純に反映するのではなく、男が女を支配し女が子
　　どもを支配する制度の中で子どもを教育する場合、性的選好という社会的
　　現実を貫徹するのだというのが予備的回答である。学校内部の権力構造が
　　「正常な」ジェンダー関係に対して、これまでとは別の付加的な教訓とし
　　て作用する。（小学校教師に女性が多く、学校管理職に男性が多いことで－國分）
　　少女たちは、彼女たちが子どもを支配することは正常であるが、男性を支
　　配することは異常であると学習する。少年たちはその正反対の教訓を学習
　　する。民主主義にとっての問題は、そのどちらかの教訓の内容自体にある
　　のではなく、その内容の抑圧的な性質にある。

　以上の内容を要約すると次のようになる。男性が女性を支配し、女性が子ど
もを支配するという学校状況は社会的現実を反映している。この社会について
も女性が自分たち（子ども）を支配することは当然であるが、女性が男性を支配
することは異常であることを少女たちは学ぶ。その反対に、女性が男性を支配
することは異常で、女性は男性に従うのが当然であることを少年たちが学ぶと
いうことである。こうした状況はジェンダーセグリゲーション（性別分離）と呼
ばれ、上記のような学校の男女比や地位からの上下関係の問題点を指摘してい
る。

４．授業概要

　社会科教職の大学生は女性教員が少ない状況をどのように考えるのか。授業テーマを「社会科とジェンダー」とし、関東圏にある国立大学で 2021 年度「社会科・地理歴史科教育法」で実施した。今までの社会科教職では珍しく、2・3 年生の受講者42人中、女性20人・男性22人と男女比率がほぼ均衡していた。これら学生の所属学部は、主に史学・考古民俗・哲学・比較文化（比文）・教育であった。授業時間は 2 コマで、授業は 2 部構成で行った。1 部は社会科の内容に関わる女性と労働、2 部は中等社会科教員の性別と学部選択である。授業展開の略案は以下の通りである。

表２　【授業展開の略案】

	学習内容	資料
1 部	賃金統計より男女の格差とその理由を考える。	・賃金統計資料 ・中学生の要因と対策 ・男女の仕事と賃金格差
	男女雇用機会均等法より日本社会での女性の働き方を考える。	・VTR「均等法制定過程」NHK ・VTR「均等法から 30 年」NHK ・新聞記事【定年格差】 ・均等法の内容変化のプリント
2 部 （本時）	社会科教員とジェンダーについて考える。 ○統計より、社会科に女性教員が少なく、その一要因として社会科教職を取得できる学部の女性が少ないことを知る。 ○自分の中高時代の社会科教員の性別や人物を振り返る。 なぜ社会科教員になることができる学部に女性が少ないのか ○問いについての考えを個人・班・全体で共有。 ・まとめ	・中学・高校の教科の教員男女比（2016） ・社会科教職取得可能な学部の男女比（2016）

　1 部の女性と労働の授業内容は前半と後半に分かれる。前半は升野（2018）の

中学生の授業実践を基に大学生も同様の賃金統計の分析を行い、賃金に関して同じ正社員でも年齢により男女格差が明確にあることを自覚し、その理由を考えた。後半は國分（2018）の実践を踏まえたものである。女性が社会で働くことを定めた1985年の男女雇用機会均等法の成立過程やその後の女性の労働変化を扱ったビデオを視聴した後、いわゆるセクハラ・マタハラ、男性の育休も現在はこの法律で決められていることを資料から説明した。一方で、現在の均等法では男性の働き方に女性が合わせるしかなく、総合職と一般職の容認など女性の中でも区別が生じている問題も指摘した。

　社会科の内容に関わる1部に対して、2部は教員に限定して社会科に女性教員がなぜ少ないかを自らの体験も踏まえながら学生が考える授業を行った。最初に前掲した2016年の学校教員統計より中学校と高校の教科別男女比の棒グラフを学生に提示した。これにより、男女比の大きな教科として数学や理科の理系と社会科や地理歴史科は同じ位か、むしろ公民科は理系よりも女性教員の少ない教科であることを認識した。その理由の一つとして教員の男女差は学部の男女差に連動しているという研究があることを伝え、実際に地理や歴史がある人文系の学部、政治や経済、社会学などの社会科学の学部の男女比の資料を見て、こうした学部に女性が少ないことを確認した。そもそも社会科教職を履修できる学部で女性が少ないため、その少ない中からさらに教職を履修、社会科免許を取得、採用試験の受験を経て社会科教員になる。社会科教職につながる学部生の数を増やすことが女性社会科教員を増やすことにつながることを伝えた後、自分の中学校、高校時代の社会科関係の教員の男女比とその特徴を思い出させた。

　そして「なぜ社会科教職を履修できる学部に女性が少ないのか」を問いとして、学生は自分の考えを整理し、小グループで意見交換をした。学生の意見発表からは次の4つを板書した。①ロールモデルの不在、②女性は文学、男性は政治・地理・歴史というステレオタイプ・固定観念、③社会科＝男性というイメージ、女性は歴史オタクというイメージ忌避、④女性の4年大学進学率が低い。その後、自身の進路はいつ頃決めたかを個人で思い出させ、本授業の感想を書いて終了した。評価は、本授業の目的を達成できたかを学生が書いたワークシートや授業の感想文で検討した。

5．大学生の認識分析

　ここでは、授業でのワークシートや授業後の感想文を用いて、２部の中心的な問いである社会科教員の男女比と授業目的の２つから学生の認識を探る。なお、学生の意見の後にある（　）は、学生の性別と通し番号・専攻を指している。

（1）なぜ社会科教員になることができる学部に女性が少ないのか

　２部の中心的な問い「なぜ社会科教員になることができる学部に女性が少ないのか」について、学生の認識は、以下の５つに大きく分かれた。

　１つ目は、ロールモデルとなる女性教員の不在である。これが最も多かった。女子生徒にとってのロールモデルがいないために、自分が社会科教員になることがイメージできないということである。「社会科の女性の先生が少ないので、そもそも女性はイメージをもちにくい（女９・比文）」「興味があったとしてもその進路を同じ立場で相談することができる相手が少ない（男22・史学）」「男性が多い中に飛び込もうと考える女性は一体感や周りとの烏合の中でそれを選びにくい（男26・史学）」「男性ばかりの環境で働くことに興味がわきにくいのではないかと思う（男31・比文）」「そもそも女性の教師が少ない中高の環境で育っているから科目に興味がわきにくく志望者が少ない（女17・教育）」

　２つ目は、社会科に対する興味のなさやイメージについてである。「社会科（関連の学部）に魅力を感じる人が少ない（女２・教育）」「（普通に）興味がないから（女４・史学）」「男性は文系と理系で別れる際に、社会科を選んで文系選択をする人が多い。教科愛の質が高い（男39・史学）」「社会科には堅いイメージがある。「歴史家」の男性イメージがもともと強い。教員にもそれが反映されている（男31・比文）」など、女性は男性と異なり社会科に魅力を感じていない感想が多い。学習内容についても「政権を握っているもの（天皇、幕府など）の羅列である歴史教科書、戦国武将や三国志などの話は男性が興味を抱きやすい（女19・教育）」「歴史の女性が興味を持つようなコンテンツがない（三国志のアニメ映画、完全な男目線）、公民（政経中心）も男性イメージが成立している（男34・史学）」「政治や法律にかかわる仕事に男性がついているイメージ（女14・人文）」「政治経済など公民分野への苦手意識（女１・教育）」「男性視点で社会科が展開され、女性が適

切に取り上げられなかった可能性（政治史など）（男42・比文）」。このように、男性からは「教科愛」という言葉が見られるほど、男性が好む内容で構成され強く惹かれる内容であるということがわかる。

　3つ目は、就職やその後の生活にかかわる話である。「就職に有利だと考えられがちな学部が少なからずあって、哲学や史学は役に立たないから将来のために捨てられがちなのかなと思う（女3・史学）」「人文系の学部は資格取得がメインではないイメージがあるので、将来の就職のことを考慮すると女性は研究より資格を優先してしまっている（女11・教育）」「土日も出勤しているイメージがあり家庭との両立が難しそう（女12・教育）」「（女性は就職が不利な状況があり）進学先を考えると社会科の教員免許取得の学部は主に哲学や史学などになるために選ばないのかもしれない。経済学部は就活を意識した男性の志願者が多いから女性が少ないと考えられるか（女18・哲学）」「素朴な経験として社会科は扱う題材の広さから教材研究に先生の割く時間が長く激務の印象が強い。その影響もあるのでは（男38・教育）」。このように、3つ目では資格取得を目指す女性は社会科教職を履修できる学部を選ばず、また大学卒業後の家事育児も無視できないため教材研究の負担を忌避する傾向があることが述べられている。

　4つ目は、女性向き・男性向き進路選択の結果だという意見である。これは先行研究でも指摘されていたもので「人文や工学などより看護など「女性らしい」学部が人気だから（男21・教育）」「「女の子らしさ」によって気づかぬ間に国語科や音楽の免許が取れる学部に進みがち。男性は歴史や哲学の内容が男心をくすぐるものが多い（男23・哲学）」。「女性の関心が人文社会系に向かないことが多く、向いたとしても文学中心になるから（男24・考古民俗）」「小学校や保育系に興味があるまたはそのような職が自分にとって無難であるというバイアス？（男27・史学）」「女性は比較的女性教員の多い文学系（英語・国語）には興味を持ちやすく、また（授業でも）女性が取り上げられるために興味を持てたのではないか（男3・比文）」。また「一般に男性は論理的、女性は感情的だと聞いたことがあるが、これが真であるならば事実を教授する社会科は女性に人気がないのではないか。反対に「感性」が重視される芸術・家庭・国語は多い？（男36・史学）」と書いた学生もいた。男性が理論的で女性が感情的であるというのは典型的なジェンダーステレオタイプの考えである。

　5つ目は今の社会の現状を反映した（即した）結果だとするものである。前述したエイミー・ガットマンの指摘したジェンダーセグリゲーションの考えである。「今の現状（社会科の女性が少ない、社会科学部は弁護士や政治家の男性割合が高い）イメージから女性が進みにくいのではないか（男35・史学）」、「まだ社会科という科目に密接に関わっている日本の社会の中に男性中心の風潮が残っており、社会科を考えるのは男性が適任なのではというイメージがあるから（男39・史学）」。このように、今の日本社会の現状を社会科が体現しているという意見が男性から挙がっていた。逆に言えば、社会科が変わればこの日本社会も変えることができるはずであるが、そこまでは考えが及んでいない。

　その他の意見としては、女性の大学進学率が男性より低いことや保護者の意向もあった。「女性の大学進学率が低い中で、大学に行くことを親に説得する際に哲学など社会科免許をとれる学部を選ばない（女18・哲学）」というものである。また「女子高などでは科目選択時の社会科での選択肢が少ない（男29・史学）」という指摘もあり興味深い。

　このように、社会科教職の大学生の主な認識は、ロールモデルの不在という教員の問題、男性向きという学習内容の問題、就職、社会科を取り巻く固定観念やイメージの問題、日本社会の反映という5つに集約された。

（2）社会科に関わるジェンダーバイアスに自ら気づくことができたか

　2つ目の分析は、本章の目的である「社会科に関わるジェンダーバイアスの一端に自ら気づくこと」が達成できたかを授業後の学生の感想文で分析する。

　これについては、まず多くの学生がこうした社会科教員の男女比の問題に初めて気づいたと感想に書いていた。「ジェンダーについて、労働や教員という分野で考えた経験があまりなかったのでいい機会だった。他の分野でも（スポーツ）考えることができる問題だと思う（男31・比文）」。「自分の思いもしないような所（社会科教員）にジェンダーが潜んでいたことを感じ、自分の思っている以上に自分たちは社会通念に縛られているかもしれないと思った（男33・史学）」などである。

　より詳細に性別ごとに書いた感想を検討すると、以下の内容が見られる。

　まず、女性では（b）進路選択に対して親や親戚の影響があったとするが、男

表3　学生の感想

女子学生	男子学生
(a) 選ばされてきた進路選択の可能性。隠れたカリキュラム（6・9・14・11・17） (b) 親・親戚・学校の影響（5・7）	（ア）選ばされてきた進路選択の可能性（22・33・40） （イ）男性の進路選択（23）
(b) 親・親戚・学校の影響（5・7） (c) 就活で女性が不利だと気づく（18） (d) 管理職も女性教員が少ない（12） (e) 自分がロールモデルになる覚悟（8・19） (f) 固定観念、社会通念の容認（4）	（ウ）初等学校教員の男女比（27） （エ）ジェンダーの難しさ（性別と社会通念の関係（29）、目に見えない差別（21）、要因が複合的（37）） （オ）男性教員に憧れ教員志望（30・39） （カ）性差のないロールモデル（36） （キ）社会の圧力に気づき行動する（41） （ク）社会科の男性中心の学習内容（42）

性にはそうした話はない。「自分は小1の頃から社会科に興味を持ち…大学でももちろん社会科を学びたいと思っていたが、進路を両親や親戚に話した際に「人文系はちょっと…」と怪訝な顔をされたことを覚えている（女7・史学）」というような話である。また、(c) のように学生時代は差別を感じなかったが就職活動で男性と差があることに気づく話も毎年ある。また興味深いのは女性の中での意見の相違である。2人の女性が (e) 自分がロールモデルとなる意思を示したのに対し、(f) は「固定観念はある程度仕方がない。社会通念は悪いだけではない（女4・史学）」という意見を示している。

　対して男性は、（イ）理系への進路選択やスポーツに関して「男だから」の圧力を感じていることも授業で扱うことを要求している。また、「雇用についてなど目に見えて悪である差別は論じやすいが先生になる人の性別割合の話は論じにくかった（男21・教育）」というように、（エ）男子学生はジェンダー問題の難しさについて書いた者が3人いたが、女子にはそうした意見はなかった。女子学生はより身近なこととして考えているからであろうか。

　男女共通して次の3つを挙げることができる。第1は、自分の進路選択に懐疑を持つようになった者が8人いたことである。「自分の興味さえもおそらくつくられたものであると思う。もし私の性自認が男性だった場合、社会科の学部ではなく理系の学部に進んでいたかもしれない（女14・考古民俗）」「（社会科に）元々男性が多いという意味で、教員という自分の進路選択も固定観念の中にあ

るのかもしれないと思った（男40・史学）」などである。第2は、ロールモデルに対する考え方の違いである。男子学生も進路選択にロールモデルがいたことや、性差に関係のないロールモデルの創出という提案に対して、女性は積極的に自分がそのロールモデルの役割を引き受けようとする、意識の違いが見られる。第3は、初等教職希望は中等と異なり女子学生が多い（ウ）、学校の管理職にも女性が少ない（d）など、より広く学校とジェンダーについて考えた学生がいたことである。

6. おわりに

　本章の目的は、中等社会科教職を履修している大学生が社会科の教員免許取得することができる学部に女子高校生が進学しない理由を考えることで、自分自身の学部選択を振り返り、社会科に関わるジェンダーバイアスの一端に自ら気づくことであった。目的については、前述の通り多くの学生の感想に見られて概ね達成できたと考える。社会科に女性教員が少ないことについても、ロールモデルの不在、学習内容の男性偏重、固定観念やイメージ、社会状況の反映がその理由であると考えていた。男子学生もジェンダーを女性だけの問題としなかった点は評価できたが、自分の経験を具体的に述べたり、ロールモデルになる覚悟を主張したりする女子学生の方がより切実性を抱えていたことがうかがえた。

　今後の課題として2点述べる。1点目は、社会科教職と言っても社会科学の学生が少なかったことである。先行研究で述べた山本（2019）でも、人文と教育、社会科学の女性は明確に区別されており、社会科の内容をひとくくりにせずに人文学と社会科学を区別する必要があろう。2点目は、社会科教職を選択しなかった学生の社会科への認識やイメージを分析することである。今後はこうした作業を通じて、社会科の内容や方法、教員などに対するジェンダー意識を高めていくことが必要である。

［参考文献］

Gutmann, Amy (1999) *Democratic Education: With a New Preface and Epilogue*, Rev. ed. (first printing 1987), Princeton: Princeton University Press.〔ガットマン，エイミー、神山正弘

訳（2004）『民主教育論―民主主義社会における教育と政治―』同時代社、127-128頁〕

岡本祐子・松下美知子編（2002）『新　女性のためのライフサイクル心理学』福村出版

河野銀子（2014）「教員世界の実態」河野銀子・藤田由美子編著『教育社会とジェンダー』学文社

國分麻里（2018）「男女雇用機会均等法はなぜ必要だったのか」升野伸子・國分麻里・金玹辰編
　著『女性の視点でつくる社会科授業』学文社

升野伸子（2018）「男女の賃金格差はなぜ生じるか」升野伸子・國分麻里・金玹辰編著『女性の
　視点でつくる社会科授業』学文社

山本耕平（2019）「大学進学女性における専攻分野多様化の階層的背景―SSM調査データによ
　る分析―」『フォーラム現代社会学』18、88-101頁

【資料】授業で使用した資料

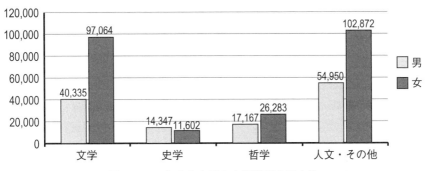

図2　2016年の人文系の大学学部の男女比
出典：学校教員統計調査（2017）より筆者作成

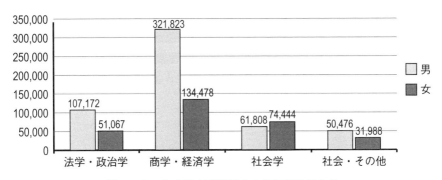

図3　2016年の社会科学系の大学学部の男女比
出典：学校教員統計調査（2017）より筆者作成

text 小林 亜唯

コラム ❶変わりゆく学校制服

　ある中学校では、男子は学生服、女子はセーラー服の着用が校則で定められていた。2018年度の新入生入学時は、スラックスとスカートを選択できるようになった。しかし、男子でスカートを選択する生徒は一人もおらず、女子でスラックスを選択する生徒は、スカートも購入している。さらに、スラックスを選んだ女子の服装は、上半身はセーラー服のままであるため、校内には学生服を着用している「男子」、セーラー服を着用している「女子」、そして上半身はセーラー服、下半身はスラックスという「女子」が混在する。

　ここで、制服にかかる費用や問題点を挙げてみる。公立中学校の制服（ブレザー上下＋シャツ一式）の価格は、最低で3万6200円、最高額で7万7360円（栁澤靖明・福嶋尚子『隠れ教育費』太郎次郎社エディタス、2019年）と、決して安い買い物ではない。背の伸びていく子どもの成長に合わせた買い物をしにくい実情がある。また、近年は洗える素材も増えたが、制服は乾くのに時間がかかり、洗い替えが難しい。そして、ジェンダーの観点で見ると、男女で着るものや身に着けるものが異なる場合もいまだに多い。

　他の中学校では、2023年度の新入生よりブレザーとスラックスがベースになる新制服の着用を進めている。制服が必要なのかどうかの議論を続けていく中で、まずは、制服が男女で異なることにより、苦痛を味わう生徒を減らすことが必要なのではないだろうか。

コラム ❷ポケモンの主人公はだれ？

　「ポケットモンスター」（以下、ポケモン）は1996年にゲームボーイのソフトとして発売された。いまや国民的ゲームとなっており、その名を知っている人がほとんどだろう。

　そんなポケモンには実のところ興味深いジェンダー変遷が見られる。その中から「主人公の性別と服装」について注目してみたい。

　まず、主人公の性別についてである。1996年発売の初代作では選択できる性別は男の子のみだった。しかし、2000年発売の作品では女の子の主人公も選べるようになり、それ以降の作品では男女両方の主人公が選択できるようになった。このことは「ゲームをプレイするのは男の子であるから主人公も男の子を選ぶだろう」という先入観からの脱却の結果といえるだろう。

　次に、主人公の服装についてである。上で述べたように女性の主人公も選択可能にはなったが、発表済みの作品では男女の見た目や服装は大きく異なってきた。女性の主人公は髪が長く、スカートを履いているキャラクターが多かった。しかし、2022年11月発売の最新作ではついに男女の服装が全く同じになっている。加えて、主人公は学校の生徒という（ポケモン史上初の）設定になっているため、その服装は制服といって差し支えないだろう。

　このようにゲーム世界で自分の代理となる主人公の性差はすでに取り払われつつある。現実世界の私たちがジェンダーステレオタイプから抜け出せる日も近いだろうか。

第2部
中・高の女性教員がつくる
新しい社会科授業

第6章　男子生徒は「アテネの家族」から何を学んだのか
ージェンダーの視点から見る世界史授業ー

荒井　雅子

1．はじめに

（1）問題意識

　教科書記述におけるジェンダーバイアスについては改訂のたびに議論される
ところであるが、近年は男性であることの強要によって生きにくさを感じる
（男性性の強制）ことも問題視されている[1]。ジェンダーを意識した授業は、自
分の現在のあり方を「　」に入れて俯瞰する視点を生徒に提供することができ
るという点で、学齢期の生徒には意味がある実践である。今回実践対象とする
時代も、本文に女性の記載は少ない[2]。教科書本文の外側に埋もれた人々に焦
点をあてつつ歴史を学ぶことを自身のテーマにしているが、この手法は、生徒
がジェンダーバイアスに気がつくアプローチとしても有効である。また、勤務
校が男子校であるという特性から、ジェンダーについて無意識になりがちな男
子学生に、家族という身近な素材を通して疑問を呈しておくことは、彼らには
見えにくいジェンダーを可視化する布石にもなるだろう。

（2）この実践の特性

　2022年度から高校の学習指導要領も刷新され、社会科・歴史にも極めて公民
的な目標が付与された[3]。また、新科目を見据えて史資料を活用する実践が多
く報告されるようになった[4]。他にも、博物館や地方自治体、大学などを巻き込
み資料を学校の教育課程に引きつけて利用を促進する試みが始まっているが[5]、
それとリンクした実践事例の蓄積はまだ少ない。この実践では、教材としてイ
ギリスの博物館が提供するオンライン素材を利用する。当該のHPはイギリス

のナショナル・カリキュラムにリンクさせる形で博物館の館蔵品と解説資料が紹介されている。菅尾によれば、イギリスのナショナル・カリキュラムはメタな概念を活用しつつ歴史学的に考えることをカリキュラムの軸に置いている[6]。この方向性は、新学習指導要領で示された観点を活用して歴史を学ぶ方法との親和性が高い。新科目は「歴史の見方考え方を働かせ」歴史を理解することが求められている。これは、以前は歴史的思考力として総括されていた能力である。歴史的思考力の定義は様々あり、ここではそれらすべてに言及することはできないが、本実践が参考とするのは、2016年に日本学術会議から提唱された、歴史的思考力を「過去を理解する力」と「歴史記述を分析する力」とする考え方である[7]。過去を理解するためには過去から現在の変化を認識し、過去を多角的に理解することが必要となる。過去を多角的に理解することは、ひいては現在も歴史的な文脈の中に位置づけて捉えることにつながる。過去を理解し、歴史記述を分析する方法として有効なのが、Doing History という方法である[8]。歴史家と生徒の資料読解方法の違いに注目し、「歴史家のように読む」というこの実践は日本でも紹介されており[9]、歴史的思考技能として出典の確認、文脈への位置づけ、丁寧に読むこと、確証あるものにするという技能を必要とする[10]。このうち、著作が書かれた時代を含めて考察する「文脈への位置づけ」技能に注目し、過去を歴史的な文脈に位置づけることで、生徒が体験している現在も、ある特殊な歴史的文脈の中に置かれているのだ、ということに気がつくのではないかと考えた。歴史的文脈への配慮を働かせながら、生徒のジェンダーへの意識を喚起するというのが、本実践の取り組みである。

2．教材

（1）教材選定

　教育課程に沿って博物館の資料が提示されている例として、イギリスの博物館が協働して提供している Teaching History with 100 Objects（100のモノで歴史を教える）から、報告者が担当する古代史分野での資料を探した[11]。ただしコンテンツの対象は前期中等教育（KS3）までであるため[12]、高校で使うためには対象学齢の違いを考慮する必要がある。また、このコンテンツはイギリス

のカリキュラムの特性からテーマ史的な内容が多く、紹介されている素材も具体的な素材の検討を経た上で歴史的な文脈に載せて考えるという構成をとっている。そのため、画像資料と文字資料のバランスをとること、高校世界史、特に新科目である世界史探究との親和性のために文字資料を追加した[13]。

(2) 問いの構造化

　歴史総合や探究科目を視野に、このワークの発問を、事実関係を問うレベルから生徒自身の解釈に至るレベルまでを段階的に並べた（問いの構造化）。その際には、歴史的思考力として、読み取り・理解、思考・判断、表現・認識としてらせん状に高次の歴史理解につながるという永松の仮説[14]や、PISAの図像やグラフなど文章でない資料を読み解く際の指標[15]を参考にした。以下はワークシート（以下WS）に掲載した問いの一覧である。

表1　本実践の問い一覧

問いの構造	問題	
情報の抽出	問1	教材1には、どのような人々が描かれているか。性別、年齢、服装、想像できる役割や立場など、絵に描かれていること（または描かれていることから想像した情報）を文字化しましょう。
	問2①	教材2を読んで、描かれている人にはどのような社会的役割、家庭内の役割が期待されていたのか、書きましょう。
	問2②	それぞれの情報を共有しましょう。（グループ） ※今回の実践では実施せず。
	問3	教材3に示された史料A〜Eは、教材2に示されているどの性別の、どのような立場の根拠となりそうか、教材2に下線を引きましょう。
熟考・評価 （思考判断）	問2③	あなたたちが知っている家族の姿と、どこがどのように異なるか、文章にしてみましょう。
解釈	問4	歴史の学習は、現在の視点から過去を眺めるものです。今日のテーマに即せば、みなさんは現在の家族観という視点から、ギリシア時代の家族を眺めている、ということになります。つまり、今の我々の思考は、この時代の価値観から離れることが出来ないのです。しかし、自分の思考が時代の価値観に制約されているという可能性を理解することは、その価値観を相対化する助けになります。さて、ギリシアの人々もそんな価値観に囚われていた、としましょう。それはどのような価値観だったでしょうか？「ある時代に期待される性別役割は同時代の社会的文化的背景に影響を受けており、家族の背後にはその時代の価値観が控えている」という意見について、あなたはどの程度賛成しますか？（または反対しますか？）賛成／反対の立場を明示して、それぞれその根拠を示して意見を述べなさい。

　PISA の指標も永松の仮説も、資料読解の最初の過程は情報の抽出であり、WS では問1、問2①、問3が相当する。それらの情報を踏まえて熟考・評価（PISA）し、思考・判断（永松）する段階を問2③、PISA については解釈のレベルであろう問いを問4とした。

3．実践報告

(1) 概要

　2 (1) のコンテンツから「アテネの家族」を選び、高校3年生の選択世界史で実践した。授業目標は「アテネの男性の役割、女性の役割を確認しジェンダーバイアスに気づくとともに（Ⅰ）、それらを裏付ける同時代の資料との関係を探ることで、ある時代に期待される性別役割には同時代の社会的文化的背景に影響を受けていることについて、具体例を挙げて説明できる（Ⅱ）」とした。

(2) 指導案

表2　指導案　2時間分

	生徒の活動	留意点
導入 5分	・本時の目的の共有	・過去と現在を比較することで、ジェンダーバイアスに気づくという本時の目標につながるよう心懸ける。
展開1 15分	・教材1を提示し、読み取らせる。「どのような人々が描かれているか」絵に描かれていることを文字化して教材1の余白に書き込む。また、描かれていることから想像した情報も書き込む。 ・読み取った情報を共有する。	・グループワークの場合は大きな絵を数名で共有する。 ・事実関係の細やかな観察から、想像できることに順次シフトするとよい。 ・展開の導入的活動であるので、時間をかけないようにする。
展開2 20分	・教材2を配布し、男性と女性の役割について確認する。「描かれている人にはどのような社会的役割、家庭内の役割が期待されていたのか」 ・ワークシートなどに、家庭内でそれぞれの性別に期待された役割、社会でそれぞれの性別が担った役割について、書き込む。	・ギリシアの家族における男性や女性の具体的な役割を再現する。 ・評価：性別によって期待されていた役割があることに気がつく（Ⅰ）。 ・展開2では、解説文から情報を抽出するだけでなく、現代とも比べられるよう声をかけたい。 ・評価：それぞれの役割を表現できる（Ⅰ）。

10分	「君たちが知っている家族の姿と、どこがどのように異なるでしょうか」比較の視点を持ちながら、作業を行う。	・教材2で説明されている男性の役割と女性の役割について情報を共有する。
展開3 30分	・教材3を読み、展開2でまとめた役割が、どのような価値観に基づいていたのかを確認する。「教材3に示された史料A～Eは、それぞれの役割のどの部分の根拠となりそうか、下線を引きなさい。」	・展開2の後に配布 ・家庭内での役割分担の背景となる当時の価値観を示す文章を読み、展開2で観察した家族との関係性を探る活動を行う。
まとめ 10分	・まとめの問い：「ある時代に期待される性別役割は同時代の社会的文化的背景に影響を受けており、家族の背後にはその時代の価値観が控えている」という意見について、あなたはどの程度賛成しますか？（または反対しますか？）賛成／反対の立場を明示して、それぞれその根拠を示して意見を述べなさい。	・評価：根拠を示して自分の立場について説明できる、性別役割分担の背後に控える、女性観・男性観との関係性に気がつく（Ⅱ）。 ・評価：アテネの女性観を歴史的時間軸の中で、相対化して観察・説明・理解することができる（Ⅱ）。 ・史料の限界についても触れる。

4．生徒の認識

　この実践は過去に2回実施し、その都度修正を図ってきたものである。生徒は描かれていること、書かれていることの情報は比較的丁寧に抽出していた。過年度の実践では、例えば壺に描かれた若い男性について、「鎧をみて、この時代で武装している人と言えば、市民ではないか。市民であるということは、政治を担う役割を果たしている」などと、既習事項である古代民主政の特徴と図像を結びつけて考えることもできていた。このように、事実関係の抽出と既習事項の結びつきは、比較的可能であることがうかがえた。問2①は問1の読み解きで得た情報に、HP上に示されている壺絵の解説文の情報を足した。これにより、男性については「世帯の長、世帯の財産を管理」、女性については「役割は家庭内に限定、子どもを育てること」など、家族の役割分担について具体的な姿を描くことができるようになった。ここから、生徒は性別によって期待されていた役割があることに気がつき（Ⅰ）、更にそれぞれの役割を表現できた（Ⅰ）と考えられる。

　問3は本時のまとめに必要な情報を収集させる過程であったが、例えば、男性については史料C、女性については史料AやDを根拠に、解説文に下線を引いていた。ここから、それぞれの性別に期待された役割とその理由についての対応関係を構築できたと考えられ、情報を抽出しつつ当時のジェンダーバイアスへの気づきがあったことが想像された。

　まとめの問いは歴史的思考力として期待される能力の一つである文脈への位置づけへの配慮について自覚を促す問いとして設計し、前文をつけ、さらに到達目標の一部を先に示した。本来であればここに自覚的に気づいて欲しいところだが、過年度においてはなかなか気づきが得られなかったことから、思考の枠組みとして先に示し、ここに本時のケースをどの程度当てはめることが可能かを見ることにした。

　生徒の記述からは、「男はポリスのために戦うという考え方は、家族の長としての将来の責任を受け継ぐのに必要な価値観とスキルの取得に関係する」「・・・常に戦いに備えて軍役をしたり、話し合いをしたりしてポリスを運営していく必要があったため、男性に権力が集中し、女性が家事を担当する社会を受け入れていたからだ」などの具体例があがり、それぞれ「影響を受ける」として賛意を表明していた。彼らの解答は、二重下線部で示された価値観のために下線部のような事実があった、という理解を表現することができていた。これは、「・・・ある時代に期待される性別役割には同時代の社会的文化的背景に影響を受けていることについて、具体例を挙げて説明できる」という本時の目標（Ⅱ）を達成できた、と考えることができる。更に、「例えば、私は問2の回答で、現在は12歳で女性は結婚しないと書いてしまったが（中略）それこそ社会的に影響を受けて価値観に囚われてしまったと考えられる。よって、性別役割は同時代の社会的文化的背景に影響を受けると思う」という解答を得ることができた。これは、当時の歴史的文脈への配慮だけでなく、それと比較して現在の自分を相対化して考えることができたということだ。Doing Historyの手法の一つである「文脈への位置づけ」により、過去だけでなく現在も歴史的文脈に載せて考えることができるようになるという事例になるだろう。

5．おわりに

　今回のWSの設問は、段階的に思考を深めるように並べたつもりであった。生徒の解答から、図像の読み解きや資料の読解については緻密に行うことができていたと考えられる。しかし、過年度の実践では資料などを活用して自分の考えを深めたり、既知の事項を疑ったりという、思考を深める活動にはなかなか行き着いていなかった。そこで今年度は問4の設問には方向性を示して解答に枠を設けることで、解釈を求める問題にした。生徒の解答を確認する限り、この方向性は比較的成功したと考えられる。

　新設科目「歴史総合」「日本史探究」「世界史探究」は、生徒の問いによって歴史的見方・考え方を養う科目でもある。これらの科目は、歴史を問う主体としての「私たち」が全面に出て、学習レリバレンス（学習内容と生徒の意識や社会との関連性）が重視される。今回の実践では、現代社会との関連性を見出しにくい古代や中世の単元であってもこのような形で自分たちが無意識の前提としているものに気づくことができる、ということがわかった。まとめの問いについては答えにくさが残ったため、「…あなたはどの程度賛成しますか？　根拠を示して意見を述べなさい」といったように変更し、次年度につなげてゆきたい。

［注］
1)　弓削尚子『はじめての西洋ジェンダー史』山川出版社、2021年
2)　拙稿、日本社会科教育学会第70回全国大会課題研究「社会科の中に潜むジェンダーバイアスとは」／報告「"An Athenian family" from the Teaching History with 100 Objects─世界史Bを利用した、家族を巡る価値観の共有─」
3)　高等学校学習指導要領では地理歴史科の目標として「…国家及び社会の有為な形成者に必要な公民としての資質・能力」の育成が挙げられている。これは地歴科のみならず、小学校・中学校・公民科にも共通する項目でもある。
4)　例えば以下のような教材共有サイトが立ち上がっている。https://kodai-kyozai.org/（2022年8月31日アクセス）
5)　「S×UKILAM」では、博物館や地方自治体の資料を、指導要領にリンクする形で利用できるような教材を作成している。https://trc-adeac.trc.co.jp/Html/Home/9900000010/topg/SxUKILAM/index.html?_fsi=GABUi3Q（2022年8月31日アクセス）
6)　菅尾英代「歴史的思考力の発達と概念的理解力」『国立教育政策研究所紀要』vol.146、2017年
7)　「提言『歴史総合』に期待されるもの」2016年。http://www.scj.go.jp/ja/info/kohyo/pdf/kohyo-

23-t228-2.pdf（2022年8月31日アクセス）

8）歴史実践としての歴史学習のこと。「歴史家のように読む」（Reading Like a Historian）アプローチが有名。

9）原田智仁「米国における"歴史家のように読む"教授方略の事例研究─V.ジーグラーの「レキシントンの戦い」の授業分析を手がかりに─」『兵庫教育大学 研究紀要』vol.46、2015年、63-73頁

10）中村洋樹「歴史実践（Doing History）としての歴史学習の理論と意義─『歴史家の様に読む』アプローチを手がかりにして─」『社会科研究』vol.79、2013年、49-60頁

11）イギリスの博物館に収蔵されている資料が、学習年齢（KS：キーステージ）・単元（カリキュラムトピック）・年代・場所・テーマごとに検索でき、それぞれの資料解説と学習素材とともに利用可能になっている。http://www.teachinghistory100.org/（2022年8月31日アクセス）

12）イギリスの教育課程はKS4まであるが、歴史が必修であるのはKS3までである。

13）三成美保・姫岡とし子・小浜正子編『世界史を読み替える　ジェンダーから見た世界史』大月書店、2014年、ホメロス、松平千秋訳『オデュッセイア』岩波文庫、1994年。『オデュッセイア』は文学作品であるが、当時の生活の様子が垣間見えることと、文学作品は同時代の心性を類推する資料として活用できることによる。

14）永松靖典編『歴史的思考力を育てる─歴史学習のアクティブ・ラーニング─』山川出版社、2017年、11頁

15）『読解力向上に関する指導資料：PISA調査（読解力）の結果分析と改善の方向』文部科学省、東洋館出版社、2006年、43頁

［参考文献］

荒井雅子（2021）「どのように、博物館教材を教室に持ち込むか─歴史総合を見据えた、オンラインデータベースの利用可能性─」『世界史研究』vol.7

菅尾英代（2017）「歴史的思考力の発達と概念的理解力」『国立教育政策研究所紀要』vol.146

長野ひろ子・姫岡とし子編（2011）『歴史教育とジェンダー─教科書からサブカルチャーまで─』青弓社

永松靖典編（2017）『歴史的思考力を育てる─歴史学習のアクティブ・ラーニング─』山川出版社

ホメロス、松平千秋訳（1994）『オデュッセイア（上）』岩波書店

原田智仁（2015）「米国における"歴史家のように読む"教授方略の事例研究─V.ジーグラーの「レキシントンの戦い」の授業分析を手がかりに─」『兵庫教育大学 研究紀要』vol.46

原田智仁編（2019）『高校社会「歴史総合」の授業を創る』明治図書出版

三成美保・姫岡とし子・小浜正子編（2014）『歴史を読み替える　ジェンダーから見た世界史』大月書店

文部科学省（2006）『読解力向上に関する指導資料：PISA調査（読解力）の結果分析と改善の方向』東洋館出版社

弓削尚子（2021）『はじめての西洋ジェンダー史─家族史からグローバル・ヒストリーまで─』山川出版社

[添付資料1]

教材1　「アテネの家族」より壺絵の拡大図

戦場に出立する若い男性を囲むアテネの家族像

[添付資料2]
教材2

教材2　壺絵の解説文
(1)年上の男性
　アテネでは、ギリシアの他の地域と同様に、オイコスとして知られる世帯は社会の基本単位でした。最年長の男性は、妻、息子、未婚の娘、息子の妻と子供、奴隷で構成されたオイコスの長でした。彼は最終的にオイコスの幸せに責任があるので、その財産と富を管理し、息子と娘の結婚を手配しました。土地所有と農業は、古典期のアテネで生計を立てる最も権威ある方法と考えられていたので、貧しい農民でさえ、商業や手工業でお金を稼いだ男性よりも高く評価されていました。古代ギリシアの男性の平均寿命は約40歳で、男性の約5分の1だけが50歳に達し、60歳に達する人はごく少数でした。オイコスの長が死ぬと、もし自分の母親が生きていれば、母の保護者になることも含めて、長男が責任を引き継ぎました。
　アテネの男性にとって理想的なライフスタイルは、公務の生活を送るのに十分な富を持ち、彼の宗教的責任を果たし、社会活動に参加し、公職を維持し、都市の政治生活に参加することによって市民としての役割を果たすことに専念することでした。ギリシアでは、男性は、オイコスの公的な側面であり、より大きな政治的単位の公的な側面でもありました。

(2)年下の男性
　ギリシアの、特にアテネ時代の習慣について書かれた情報源は、私たちが、この絵の背景について理解するのに役立ちます。生後5日目に、若い男性の父親は、彼を抱いて家の囲炉の周りを回ることで家族に迎え入れました。もし赤ちゃんが弱かったり病弱だったりしていたら、彼はおそらく町の外に連れて行かれ、遺棄されたでしょう。しかし、一部の学者は、息子を持つことの重要性と赤ちゃんの死亡率が高いことで、遺棄された子供に他の家族によって救出される機会を与えたかもしれないと示唆しています。生後10日目に、彼は名前を授かり、幼い間は、世帯の女性によって育てられました。アテネでは、他のほとんどのギリシアの都市と同様に、男の子は家庭で、そして家族の男性とのやり取りを通して教育を受けました。よりよい家庭の息子たちが、家庭教師や学校に通ったりしました。若い男性の教育の中心は、世帯経営、議論とスピーチ、文学と文化の知識、特に体力と戦術など、市民と家族の長としての将来の責任を引き受けるために必要な価値観とスキルに関するものでした。21歳の時、彼はアテネの市民団体に受け入れられ、市政に参加することができました。すべての男性市民は、ポリスのために戦うことが期待されていました。非常に裕福な人々は騎兵として、必要な武具を購入する余裕があった人は、重装歩兵として戦いました。他の人々は軽武装部隊として、またアテネでは、最も貧しい人々は海軍の漕ぎ手として働きました。

(3)女性
　対照的に、古代ギリシアの女性の役割は、ほぼ完全に家庭内に限定されていました。女性には、家を経営することと、子供、できれば息子を生むことの2つの主な責任がありました。出産の危険性から女性の平均余命は男性より低いものでした。女の子は12歳ほどで結婚し、結婚の最初の年のうちに子供を生み始めることが期待されていました。家を経営することには、幼い子供たちの世話をし、家に必要な食料やその他の商品を確保し、料理、清掃、物資の購入において奴隷を監督することが含まれていました。布を作ることは女性の重要な仕事でした。オイコスにとって物的な重要性のために、紡績と織りはまた象徴的な意味もありました。戦争が男性の役割の縮図であり、布を作ることが女性の役割の縮図でした。
　女性はまた、宗教の領域で積極的な役割を果たしました。この壺に描かれた女性は、彼女の息子または夫が無事に家に帰ることができるよう、神々の援助を得るための儀式用のブドウ酒を準備しています。宗教は、女性が都市の公共生活に顕著に参加した唯一の場所でした。多くの宗教(アテネの場合は女神アテナへの宗教そのもの)が、祭司や女性従事者を必要としました。女性はまた、葬儀や死者を記念する場で、公の役割を果たしているのが見受けられました。自由な市民であれ在留外国人であれ、富や地位は、世帯が、女性を家の中に閉じ込めておくために、畑に行かせたり、水をとってきたり、市場で商品を売ったりする労働を、見合わせたいか、見合わせる余裕があるかの度合いに、影響を与えました。

出典:http://www.teachinghistory100.org/objects/about_the_object/an_athenian_family
　　　2022 The Trustees of the British Museum

[添付資料2]
教材3

教材3
史料A　宗教分野における女性の活躍
　「リュシマケ ドランコンディデスを父とする生まれにして、88年の生涯であった。4人の子供をもうけた後、都合64年にわたり女神アテナに奉仕した。フリュア区の…エオスの母リュシマケ」（「ギリシア碑文集成2第2版」3853番）

史料B　女性嫌悪の思想
　「女たちは死すべき身の人間どもに大きな禍の因をなし、男たちといっしょに暮らすにも、忌まわしい貧乏には連合いとならず裕福とだけ連合うのだ」（『神統記』591〜593）

史料C　男女の生来の相違
　「家（オイコス）の運営には三つの部分があった。ひとつは、主人の（奴隷に対する）支配であるが、これについてはすでに述べられた。もうひとつは父親の支配、そして第三は夫の支配である。彼（夫にして父）は妻と子供を支配するが、両者を自由人として支配するものの、そのやり方は同じではない。妻に関してはポリス的に支配し、子供に関しては王の態度で支配する。なぜなら、もし自然に反した組み合わせでないならば、男性は本性において指導者たるに相応しいからであり、年長で成熟した者は若年で未熟な者よりも相応しいのである」（アリストテレス『政治学』1259a37〜b4）

史料D　妻の仕事
　「もし男たちが何かを家のなかにもたらそうとするならば、戸外での労働が必要だ。休耕地の耕転、種まき、植樹、家畜の放牧、こういったことはすべて戸外の作業だね。生活の必需品はこのようにして生産されるのだ。でも、いったんそれが家のなかに入ってくれば、それを保管し、家内ですべき仕事を担当する人がいなければならない。生まれてきた子供の養育も家の中で行うなし、穀物を食料用に製粉するのも家の中の仕事である。羊毛から衣類を作る仕事も同様だ。戸外の作業、家の中の作業、どちらにも勤勉と配慮とが求められるけれども、私が思うに、神は女の本性を屋内の作業と配慮とに適したものとされたのだ」（クセノポン『オイコノミクス（家政論）』7.20〜22）
【解説】クセノポン（前427頃〜前354頃）はアテナイの上層市民でソクラテスの弟子だったが、前5世紀末にアテナイを離れ、晩年にいたるまで亡命者のように生きた。彼の代表作の一つである『オイコノミクス』では、夫が若くて何も知らずに嫁いできた新妻に主婦になるための心得をいって聞かせる様子が描かれている。この記述に依拠するかぎり、女性は家のなかで重要な労働の担い手だった。

「楽人の霊妙な歌を、階上で耳にとめたのは、イカリオスの娘、賢明の誉れも高き妃ペネロペイアで…「ペミオスよ、そなたは人の心を魅する歌を、ほかに幾らも知っているではないか、…その歌だけはやめておくれ…」そういう母に向かって、聡明なテレマコスがいうには、「母上は忠実な楽人が、心の促すままに人を楽しませるのに、どうして御不満なのですか。…さあ、今は部屋へ戻り、御自分の仕事である機織りと糸巻きにおかかりになるがよい、侍女たちにも仕事に精出すようお申し付け下さい。議論するのは男たちみなの仕事、とりわけて私の仕事です。この家の権限はわたしにあるのですから。」（ホメロス、松平千秋訳『オデュッセイア（上）』岩波文庫赤102-4、岩波書店、1994年、2012年、pp.27-28）

史料E　兄弟のいない娘と家の相続
「父は母の要請に応じて財産について疑義を申し出ようとしましたが、彼ら【註】は次のように父を脅したのです。もし父が（結婚の際に得た）婚資で彼女を妻としていることをよしとしないのであれば、彼ら自身が彼女を法廷の裁決によって妻とすると。」（イサイオス『弁論』第10番19節）
　　【註】話者である、アリスタルコスの娘を母に持つ人物の、母方の親戚の男たちのこと。

出典：三成美保、姫岡とし子、小浜正子編（1994）『ジェンダーから見た世界史』大月書店
　　　ホメロス、松平千秋訳『オデュッセイア（上）』岩波書店

第7章　若い女性に期待された戦争での
役割とは何か
　―「慰問文」を教材に―

熊本　秀子

1．はじめに

　歴史上の各時代に女性に求められた役割を理解することは、現代における
ジェンダーギャップの歴史的背景を知る上で有効である。

　例えば、昭和前半に続いた戦争の時期に女性に求められた役割はどんなもの
があったであろうか。日中戦争以降総力戦化した戦争を継続していく中で、未
婚の女性が女子勤労挺身隊に組織されたり中等教育学校の生徒（男子も含まれた
が）までもが学徒勤労動員で、それぞれ軍需工場などで働かされたことは、中
等教育の歴史学習の中でも取り上げられる事実である。筆者も、高等女学校生
の学徒勤労動員の実態について、中学校2年生を対象に、卒業生の体験を中心
教材とする授業実践をしてきた（熊本 2018）。この勤労動員における女性たちの
役割は、男性の労働力不足を補うためのものであった。

　日本の総力戦におけるジェンダー論を展開してきた若桑（1995）や加納（2019）
は、女性に期待された役割として、喜んで男性を戦場へ送り出したり前線の兵
士を勇気づける精神面での支えが大きかったことを指摘している。加納は女性
たちに課された銃後の務めを「総力戦の大きな柱である思想戦の戦士としての
それである」、と表現している。総力戦には国民・国力を挙げての物的・人的
協力が必要だが、さらに国民が精神的に一丸となっていることが重要だからで
ある。しかも精神面で兵士を支えることは必ずしも男性を中心とする国家に強
制的に押しつけられたものばかりではなく、各種婦人団体の活動のように、し
ばしば女性も積極的に、喜んで務めを果たした傾向も見られるという。

　前線に送られる将兵を銃後から精神的に支える具体的活動としては、千人針

の作成や婦人団体による出征時の見送りがすぐに想起されよう。不足する前線の生活用品の補いとしての実用面の必要性以外に、その名のとおり将兵の心を慰める意味合いがあった慰問袋の作成・送付も知られている。

　その慰問袋に同封され、あるいは単独で前線の将兵に送られたものに、「慰問文」（以下、慰問文）がある。一ノ瀬（2012）などによると慰問文そのものは日清戦争から見られ、前線の兵士の他、傷病兵や戦死した将兵の遺族にも送られた。送り手は成人から児童までの銃後を守る男女であった。

　慰問文に関する先行研究のうち、特に若い女性の慰問文が歓迎され、さかんに作成が奨励されていたことに焦点をあてているのは、田中丸（2002）、山口（2012）らである。

　田中丸は、若い女性からの慰問文には児童からの慰問文に比べて兵からの返信が多くあり、また当時流行の、妹が兄を慕うような書きぶりのものもあったとし、「男女の交際が厳しい目でみられたこのころ、兵と少女の文通だけは公認されていた。崇高な国家の安寧のための文通であることが前提であったので、検閲を通過させるためにも、兄と妹に擬するのは効果があった。」と言っている。文通に込めた恋愛感情をカムフラージュするためにそのような筆致をした、と分析しているのである。

　山口も、「慰問袋や慰問状をくれた子供との交流は疑似親子といえるものだったろう。恋愛関係についても同様である。」と述べ、慰問袋を契機とした交流から結婚にいたった例も示し、「慰問袋が前線の兵士と銃後の国民の交流、さらには兵士のモチベーション維持のために多大な働きをした」こと、「とくに経済的、戦力的に無力と見られていた女性や子供が慰問袋の作成においては主役となった」と論じている。それは慰問文にも言えることであろう。

　若い女性からの慰問文は、それがたとえ見ず知らずの女性からのものであっても、異性から隔絶された軍隊にあって「疑似恋愛」とでも言うべき感情の「依り代」のような役割を果たしていたと推測される。

　本報告は、このように若い女性の慰問文がセクシュアリティの対象として捉えられ兵士の精神的支えになっていたという観点から昭和前期の慰問文を教材化した、筆者の実践報告である。管見のかぎりでは、慰問文を使った授業実践のうち、この点に着目したものはない。

2．授業の概要

　授業は、関東地方の女子私立中高一貫校の中学校3年生（3クラス173名）を対象に、2022年1月〜2月にかけて、50分授業3コマで行った。年間指導計画中では「主題学習：史資料から歴史を考える」として位置づけ、単元の到達目標を、「複数の資料から女学生による慰問文という史実を捉え、戦争において年若い女性に期待されたことについて考察できること」と設定した。

　授業展開と評価規準は、**表1**・**表2**のとおりである。**表1**にあるように、1時間目は、慰問文とは何か、どういう背景で作成されたものかということについて理解をすること、2時間目は、少女雑誌の記事や慰問文関係の著作を読んで、女学生など若い女性が書く慰問文には何が期待されていたかを考えることを、それぞれ目的とした。各展開では、資料の簡単な説明をしたのち生徒に資料をよく読み込ませて、わかったこと・感じたこと／疑問点・さらに調べたいことをワークシートに記入させた。3時間目は、よい気づきをした生徒の回答をクラスで共有しながら、慰問文の作成を通して、戦時中若い女性に期待されたことを考えさせた。

　使用する資料のうち【資料ア】の出典は、地域の戦争協力団体が町内から出征していた将兵にあてた慰問文をまとめた慰問誌で、町長・学校・各地区の代表者らの慰問文60編のうち、9編が授業実施校の前身の高等女学校生の慰問文である。学校所在地の文書館に所蔵されている地域資料で、一ノ瀬（2013）にも全文収録されている。【資料イ】は慰問文用に作成された当時の絵葉書、【資料ウ】・【資料エ】は当時の少女雑誌の中の記事、【資料オ】・【資料カ】は当時の慰問文に関連する著作の一節である。

表1　授業展開

時		主な学習活動	使用する資料
1	全体の導入10分	・明治以降日本が戦った戦争、2年次に学習した学徒勤労動員のことを振り返る	
	展開130分	・慰問文の存在を知る〈1〉慰問文を読み、何についての資料か考える	〈1〉【資料ア】＝A町の慰問誌に収録されたB高女の生徒の慰問文

	10分	〈2〉慰問文についての歴史的背景を理解する 〈3〉慰問文を受け取った側の様子を知る ・わかったこと・感じたこと／疑問点・さらに調べたいことをワークシートに記入	〈2〉概要をまとめたプリント 〈3〉【資料イ】＝慰問文を受け取った兵士の様子を描いた漫画の絵葉書
2	展開2 35分 15分	・女学生など若い女性に期待された慰問文作成の状況を知る 〈1〉少女雑誌に模範的な慰問文が掲載されるなど、少女たちが慰問文を書くことが盛んに奨励されていた状況を知る 〈2〉懸賞付き慰問文募集についての問題点を考える 〈3〉特に若い女性の慰問文に寄せられていた期待に気づく ・わかったこと・感じたこと／疑問点・さらに調べたいこと、ここまでの2時間の感想をワークシートに記入	 〈1〉【資料ウ】＝読者の高等女学校生の慰問文を掲載した少女雑誌の記事 〈2〉【資料エ】＝懸賞付きで慰問文募集をしている少女雑誌の記事 〈3〉【資料オ】＝銃後の女性の慰問文作成の必要性を訴えた慰問文例文集の冒頭の文章、【資料カ】＝若い女性の慰問文作成を奨励する海軍軍人の著作の一部
3	展開3 15分 30分	・これまでの資料からわかったことを振り返り、慰問文を書くことについて、若い女性に期待されていたことは何か、気づいた生徒の考えを共有する 〈1〉クラス全員の回答を読む 〈2〉指名を受けた者が回答を口頭発表、それぞれについての質疑応答で全員の認識を深める	 〈1〉各自のPC端末で共有したクラス全員の回答の一覧表
	全体のまとめ 5分	・若い女性の慰問文に期待されたことから、昭和の前半の戦争における女性の役割を考えてみよう、と投げかける	

表2　評価規準

知識・技能	思考・判断・表現	主体的に学習に取り組む態度
女学生が慰問文を書いた歴史的背景を理解できる。	複数の資料を読み取り、女学生が書く慰問文に期待されていたことについて考えることができ、それを文章や発言で表現できる。	意欲的に資料を興味・関心をもって読解し、戦争において女性に期待された役割について深く考えようとしている。

3．授業の結果

　本報告では4クラスのうち1クラス（44名）の結果について、授業の目的に
かなった感想などを取り上げ紹介する。

（1）展開1　〈3〉について

　ここで提示する【資料イ】は、「開けて嬉しい慰問袋」という題がついた漫画
の絵葉書である。その絵葉書には慰問袋や慰問文を配られた若い5人の兵士の
様子が描かれており、そのうちの一人が「<u>オレ</u>の中にはやさしい女文字の手紙
がはいってゐたぞ。花子さん…花子さんとかいてあるよ。**シャン**（美人）だろ
うナー」と言うのに対し、向かい側の兵士がその慰問文の差出人を見て「どー
れ　ウァハ…これは<u>オレ</u>の町の五十二になる<u>サンバ</u>（産婆）のオバアチャンだョ
…ウァハ…」と答えているセリフが噴き出しとなっている。

　これについて、ただ「慰問文をもらうと兵士は喜ぶ」というようなありきた
りな気づきが多かったが、そこからさらに踏み込んで、①のように若い女性
の慰問文に対する期待が高かったことに気づき「女性」という言葉を用いて表
現した回答があった。

①女性から多く兵隊さんに届けられる慰問文は兵隊さんを笑顔にする

　まだ女性が送る慰問文についての資料を多く提示する前の学習段階であった
ため、この点に気づいた回答は1と少なかった。

（2）展開2　〈1〉について

　ここでは、【資料ウ】の少女雑誌の記事を読み、社会が少女たちに慰問文を
書くことを奨励している状況を理解できているものが15あった。また少女た
ちは戦闘には直接参加できない性であることを自覚していて、慰問文を書くこ
とでしか自分たちが戦争に貢献できる方法はないのだと考え、またそのような
状況を肯定的に受け入れていたと捉えていた感想が4あった。

　しかし②③のように、慰問文をさかんに書かせる状況を批判的に見ている
ものも5あった。

②戦争を肯定的に洗脳している感じがした／③生徒たちはたくさんの慰問文

を書いて嫌だなと思ったことはないのでしょうか?

ただしこの段階では、「少女たちが楽しみで購読している雑誌を通して」「洗脳するかのように」、「たくさん」書かされることへの批判であって、女性であるから期待されるということへの疑問は感じられていない。

(3) 展開2 〈2〉について

ここでは【資料エ】の懸賞付きで慰問文を募集する少女雑誌の記事から、慰問文作成の問題点の一つに気づかせることがねらいである。

まず最低限読み取ってほしいと考えていた、懸賞を付けてまでより多くの慰問文を集めたいという状況を理解できた回答の他、④のようにそのことについて批判的な意見を書けたものが11あった。批判の理由も多岐にわたっていて多様な視点がうかがえる。

④素晴らしい慰問文に対して賞をおくるのはたくさんの人が慰問文を送るきっかけとなっていいと思うけれどその内容は評価するものではないような気がします

これらの批判の根底にあるのは、「本来慰問文は、見ず知らずの将兵あてのものであったとしても戦地の彼らの心を文字通り慰める目的で書くものであるのに、懸賞のために書いたり懸賞で釣って量産しても心がこもっていないだろう」というような、中学生ならば常識的に考えつく認識である。

ところが、さらに次のような感想を記した生徒たちがいた。

⑤「貴女の一番美しいもの」の基準(は何か) /⑥送られた中で優れたものを選ぶのは、男の目線基準で選ばれるものなのか、もしそうなら、女目線では選ばれないのはなぜか

⑤は、「一席 陸軍大臣賞状(副賞・腕時計)」という募集記事の中の「どうぞ貴女方の一番美しいものをお便りにして戦線にお送り下さい。」という思わせぶりな言葉に、何を求めているのかと疑問をぶつけている。資料中の「貴女方の一番美しいもの」という短い文言を見逃さずに疑問に思っている。女性が書く慰問文が性的なことの対象として捉えられていることを感じ取っているような憤りも感じられる。⑥は「男性目線」で優秀作が選ばれるのではないか、との疑念を突き付けている。男性の価値観で女性の(慰問文の)価値を決めるのは

おかしい、という現代の生徒ならではの感覚が生み出した疑問であろう。⑤⑥はともに、女性性に期待された慰問文の性格に気づいた回答といえよう。

（4）展開2 〈3〉について

　ここで提示する【資料オ】は、慰問文例文集の冒頭の文章である。総力戦での女性の役割を説き、「銃後女性からの慰めの手紙が最も必要となるのである。」とある。【資料カ】は当時の有名な海軍報道部課長の著作の一部で、「最上の慰問は若い娘の慰問文」という項目の中で、「若いお嬢さんたちの慰問文に優るものはありません。」などとしきりに若い女性の慰問文の重要性を説いている。

　これらを読み、文面どおり、若い女性の力は大切なのだと素直に捉えた回答が⑦⑧⑨である。⑨は「注目の的」という表現をしているが、今も昔も男性は若い女性に興味がある・好きだ、という意味であろう。男性の志向の本質を突いている。

⑦若い女の人の慰問文が兵隊さんたちにとって特に大事だったということ／⑧若い女性の心のこもった手作りのものや手書きの手紙が兵士たちを勇気づけていたことがわかった／⑨今も昔も、若い女性は注目の的だということがわかった

　⑩⑪は、実際に兵士からの返信があったり文通が行われたりすることがあることを伝えていなかったために抱いた疑問であるが、⑪は若い女性からの慰問文の性格が恋愛感情を引き起こすものだという本質に気づいていて鋭い。

⑩慰問文のお返しの手紙を書いたりすることはあったのかと気になった／⑪兵の方は慰問文を贈（ママ）ってきた女性に対して邪な気持ちはあったのか？

　⑫の「前線のテンションを上げるため」という言葉は、ズバリ若い女性の慰問文の効果を言い当てている。⑬も銃後での若い女性の存在の効力を感じ取っている回答である。

⑫前線だけでなく、銃後までもが戦った（前線のテンションを上げるため）／⑬戦争に行ったから男性の方が偉いという考えに出会ったったことがありますが、戦場にいかなくとも女性の力を感じていた人もいるのだということ

　⑭は【資料カ】の「これ（慰問袋）に優しい感じの表れた手紙でもついてゐ

たら最上です。さうすれば兵隊たちは戦争なんかいくらあってもいゝと思ひますよ。」という、筆者が最も反応して欲しかった部分に着目している。⑮は、「当時」の女性たちはどう感じていたかと、その時代の人々の気持ちになって考えるという、歴史を見る際の大事な視点を持った回答である。⑭⑮ともに、自分の立場ならこうした扱いはいやだという反発の表れた回答である。

⑭資料カの最後の文に少し違和感を覚えました／⑮資料オ・カのようにいわれていることについて、当時の女性たちはどのように思っていたのか

⑯も、こうして女性を持ち上げておきながら、ジェンダー格差はその時もそのあとも続いている、という鋭い気づきである。しかし、実は「女性の力」として認められていたものは男性と対等な能力のことではなく「性的な対象として価値があるものだった」、ということには気づいてはいない。

⑯このように、女性の力は認められているのに、なぜ社会的立場などの話になると、皆男の方が上の傾向があり、差別が起こったりしたのか不思議だ

この【資料オ】【資料カ】は、提示した全資料の中で最もはっきり「若い女性の慰問文」への期待を言葉で表現しているため、以上のように生徒もそれによく反応して、その期待に対して感じた違和感を文章に表現できた者が多かった。

4．考察と今後の課題

各学習段階の生徒の回答を見ると、生徒たちは、周囲からしきりに奨励されて女学生が前線の兵士に慰問文をたくさん書いていた状況、それが前線の兵士の精神的な支えになっていたという事実は認識できていたと考える。

本授業の最大の眼目である、女学生の「女性性」に期待しての慰問文作成という史実について、こちらが気づいてほしいと意図して提示した資料、すなわち【資料イ】【資料エ】【資料オ】【資料カ】では、数は十分とは言えないまでも、何人かの生徒は気づくことができており、それを最後にクラスで共有したことで、本授業の目的はある程度達成できたと言える。

ただ、それを表現する生徒の文章が今一つ鋭さに欠けていた感があり、ジェンダー的視点からの明確な言葉で全員が認識できなかったのではないかと反省する。その原因の一つは、今回は多様な資料を生徒に自力で読み取らせ自由に

発想させることに主眼を置いてそこに時間を割いた授業展開であったため、全員が意見交換をするのは最後の3時間目だけに限られていて、生徒各人の気づきを、展開ごとに全体で共有しなかったことだと考えられる。そして最大の原因は、教授者として「若い女性から前線へ送る慰問文は、疑似的な恋愛感情を抱かせて兵士を慰めたり鼓舞したりする手段としての意味合いがあったのだ」という、「女性性」に依存した戦争での役割という知見を、明確に言語化して伝えなかったことである。そこには、中学3年の女子にそのようなことをはっきり伝えてよいものかという教授者としての躊躇があった。この躊躇は、筆者には従軍慰安婦のような戦争をめぐる性的な行為を語る際にも少なからずある。しかしジェンダーの問題を考える時には最終的には避けては通れない点でもある。学習者の精神的な発達状況をよく吟味した上で、適切な表現で理解を深めさせていきたい。

　併せて、作成する女性側からの視点のみならず、受け取る男性将兵は慰問文をどのように受け止めていたかを知ること、さらに男子のみの学級や男女共学の学級で学習する際はどのような資料を用い、どのような授業構成がよいのかなどの点も、今後検討すべき課題である。

[主要 参考文献]

熊本秀子 (2018)「戦争での女性の役割とは何か—女学校生の学徒勤労動員—」升野伸子・國分麻里・金玹辰編著『女性の視点でつくる社会科授業』学文社

若桑みどり (1995)『戦争がつくる女性像—第二次世界大戦下の日本女性動員の視覚的プロパガンダ—』筑摩書房

加納実紀代 (2019)『新装版　女たちの〈銃後〉増補新版』インパクト出版会

一ノ瀬俊也 (2012)「解題」一ノ瀬俊也編『編集復刻版　昭和期「銃後」関係資料集成　第1巻』六花出版

田中丸勝彦著、重信幸彦・福間裕爾編 (2002)『さまよえる英霊たち—国のみたま、家のほとけ—』柏書房

山口睦 (2012)『贈答の近代—人類学からみた贈与交換と日本社会—』東北大学出版会

一ノ瀬俊也編 (2013)『編集復刻版　昭和期「銃後」関係資料集成　第9巻』六花出版

[授業で使用した資料]

旧仮名遣いや難しい漢字にはふりがなをふって提供した

【資料ア】　　　　御慰問　　　B高女　二年生　　○○○○

油蟬の鳴く声と共に、暑さはだんだん烈しくなり、○○（地名）にもいよいよ本格的な夏が訪れました。皆様方のいらっしゃる方の気候は、いかがでございますか、御国のためとは云へ、毎日々々お休みもなくお働き下さいまして、本当に御苦労様でございます。こちらはいくら暑いとは申しましても日中だけで朝夕はとても涼しく今などはもう夕日も沈みかけ涼しい風が開け放しの此の部屋に吹き通して本当によい気持です。よく父が東京から帰って参りましては東京に比べると、「ここは天国だ」などと申します。同じ内地でもそんなに違ひますのに皆様方のいらっしゃる地と比べましたら、どんなに、こゝは暑さも寒さも凌ぎよいかと思ってそんな時は何時も心から皆様方の御苦労や御奮闘に感謝致してをります。

私がこれを書いてゐる所からは富士山がとてもよく見えます。今丁度夕日が山の陰に落ち切った所であたりの雲がすみれ色に染まり、富士山は灰色にいつもの通り秀麗に聳えて、とても美しうございます。今、一句浮かびました。

　　　　茜さす西のみ空にくっきりと　　墨絵の如く富士の嶺の見ゆ

こゝには、又○○島や海岸のざわめきが波の音に交じって微かに伝わって参ります。

此の頃は毎日々々好いお天気が続きますので、殊に今日のような日曜日は、海岸は大変な人出です。

○○○も○○○（鉄道路線名）も満員で三台位つないでも乗りきれないで、まだ二台分位残る程です。見て居ても子供達は潰れてしまひはせぬかと思はれる程です。今私達の学校は定期試験の真最中です。昨日理科と数学が終りまして、後四課目残って居ります。出来ても出来なくてもやっぱり試験がすむとほっとします。明日と明後日がすめば、もう夏休みを待つばかりです。きっと今月の二十五か三十日からお休みが始まるでせう。でも今度はお休みも一月に短縮されました。その代り宿題も出してはならない事になったさうです。

昨日でしたか、一昨日でしたか、朝の新聞に女学校の英語課は二学期から全然廃止される（ママ）といふ事が発表されました。全部の学科の中で私の一番大好きな英語がなくなると聞いて私はすっかり意気消沈してしまひました。ですから、夏休みが待ち遠しいと共に何だか英語に名残り惜しくて何時までも一学期だといゝな、などと思ったりしてをります。拙い文章ではございますが、このお手紙が皆様のお心を萬分の一でもお慰めする事ができればと思って書きました。

最後ではございますが、皆様の武運長久を心からお祈り申し上げて筆を置くことに致します。乱筆にてお許し下さいませ。　　かしこ

出典：『昭和十七年八月　日　A町出身将兵ニ対スル御慰問　○県A町銃後奉公会』144-146頁。

【資料イ】

出典：「長野の軍隊教育絵ほどき　出征から凱旋まで　大陸中編　矢部静水　画並文」15、長野紙工
文具出版部、1943。

【資料ウ】「少女の慰問文」　　　　　東京府立○○高等女学校　一年　　○○○○
　遠い遠い支那大陸に目覚ましい活躍をして居られる兵隊さん、お元気でいらつしやいま
すか。私は、銃後の少女としてはづかしくない位丈夫で、毎日元気で通学して居ります。
　待ちに待つた秋もいつしか半ばを過ぎました。夏はやけつく様に照りつける太陽の下
で、冬は身も心も凍りついてしまふ様な寒さの中で、御国のために一生懸命に戦つて居
られる兵隊さん達の御苦労は如何程でありませう。
　毎日の様に出征なさる方々を見送りにいらつしやる愛国・国防婦人会の方々の、日の
丸の小旗を持つたり、しい割烹着姿を見る度に私は、非常時下の少女としての責任を強
く感じます。此の間のニュースに、一人の兵隊さんが戦友のお墓の前で泣いて居られる
場面がありました。私は其の時何とも言へない気持になつて、涙をぽたぽた落して一緒
に泣いてしまひました。私は今でも其の兵隊さんの事が忘れられません。あゝいふ方は
今度の事変に沢山居られる事でせう。それを慰めて差し上げる事の出来るのは私達銃後
の人々だけです。兵隊さん、私達は紙一枚、古釘一本でも大切にし、体を鍛へ、学業に
勉めて立派に銃後を守つて行きますから、御安心下さい。ではくれぐれも御体を御大切
に。　　さやうなら

皆様からの優しいお手紙は兵隊さんをどんなに喜ばす事でせう。
どうぞこれをお手本に沢山お出し下さい。
出典：『少女倶楽部』十一月号、第 16 巻第 14 号、91 頁、大日本雄弁会講談社、1938。

【資料エ】「戦線将士への慰問文募集」

皇軍将士のための慰問文を募集いたします。どうぞ奮つて御応募下さい。応募作品のうち最もすぐれたもの一千三を選んでそれを編集局でこしらへた一千三の慰問袋の中に入れ戦線にお送りしたいと思ひます。戦場決死の方々にとつて皆様のおたよりこそ一番嬉しいものです。どうぞ貴女方の一番美しいものをお便りにして戦線にお送り下さい。特に優れた内容の慰問文三人に陸軍大臣閣下が賞状を下さいます。

募集規則

型式　（中略）必ずペン又は筆で書くこと。編集局宛の封筒には必ず住所氏名明記のこと。

　　　　長さは二千字以内。

締切　十月三十一日

発表　少女の友一月号誌上

賞　　一席　三人

　　　　　　陸軍大臣賞状（副賞・腕時計）

　　　二席　千人

　　　　　　少女の友記念品

出典：『少女の友』十月号、第32巻第12号、色刷頁、実業之友社、1939。

【資料オ】「はじめに」

（前略）武器をとって戦場に出なくても、国家総力戦の名の下に、影の戦士として女性も立派に戦つてゐるのである。ある将軍は「銃後にある婦人の力が弱るときが、戦線の勇士の戦闘力のにぶるときである」とさへ言つてゐる。（中略）銃後婦人の真剣な後援助力こそ、実に最後の勝敗の決を定めるものである。（中略）それには将兵勇士の熱ともなり、力ともなる、銃後女性からの慰めの手紙が最も必要となるのである。（後略）昭和17年新春

出典：留守信綱『最新　戦時女子慰問文　新体制版』1-3頁、1942。

【資料カ】「最上の慰問は若い娘の慰問文」

（前略）長期戦をやらうとすれば、どうしてもうしろの慰める部面が必要になつて来る。そこに軍人援護とか色々な問題が起るのですが、その中でも若いお嬢さんたちの慰問文に優るものはありません。…しなやかに、しかも潑剌たる気持で書いてある文章で慰められたら、兵隊さんは元気百倍します。よく慰問袋などデパートでできてゐる既製品を買つて送られる方がありますが、間に合わせには簡便でいゝですけれど、あまりに実用過ぎますね。元来慰問袋といふのは「慰」の字の下に「心」があるやうに精神なのです。それを便利主義でやつたのでは慰問にはならない、機械です。また中には慰問文を印刷して送られる方もありますが、これなど尚更もつて慰問にならないわけです。内容が上等とか貧しいとかいふことは何も関係はありません。たとへ貧弱なものであつても構はない。それに若き女性の真心のこもつたものであれば、兵隊は飛び上がつて喜ぶのです。しかも、これに優しい感じの表はれた手紙でもついてゐたら最上です。さうすれば兵隊たちは戦争なんかいくらあつてもいゝと思ひますよ。…（後略）

出典：大本営海軍報道部課長　平出英夫『戦ひを身につけよ―若き女性のために―』144-146頁、朝日新聞社、1942。

第8章 なぜ指導的地位の女性は
増えないのか

―女性の選択肢とジェンダー規範について考える授業―

石本 由布子

1. はじめに

　2020年秋の、勤務校における公開授業で、ジェンダー平等に関するクロスカリキュラム授業への誘いを受けたことから本実践を行うこととなった。それまで、筆者が単独でジェンダー平等に関する授業を行うことはあったが、男性教諭と二人で担当して行ったのは初めての経験であった。発案者の世界史担当の男性教諭は、2019年の東大の入試問題で世界史上の女性を扱う問題が出されたことをきっかけに、その分野の勉強をしたいと考えるようになったとのことである。本実践ではその男性教諭が世界史からの切り口である「世界史の中の女性たち」を担当し、筆者が日本史および公民分野からの切り口として「なぜ、日本では指導的立場の女性が増えないのか」を担当することとした。その上で、二人の共通のテーマは、「投票を通じて政治に参加し自らの意思を社会に示そう」とした。高校3年生段階の生徒たちに贈る特別授業、という扱いである。卒業を前に、社会に関心を持ち、自ら参画する行動力を持ってほしい、という想いが込められている。

　本章では、筆者の担当した部分である「なぜ、日本では指導的立場の女性は増えないのか」についての報告を中心に行う。

2. 指導的地位の女性をめぐる現状

　日本での、指導的地位の女性が増えないという現状はジェンダーギャップ指数の内容とその順位から見て取れる。

表1　日本のジェンダーギャップ指数と順位の推移（2020年〜2022年）

	経済		教育		健康		政治		総合	
	指数	順位	指数	順位	指数	順位	指数	順位	指数	順位
2020	0.598	115	0.983	91	0.979	40	0.049	144	0.652	121/153
2021	0.604	117	0.983	92	0.973	65	0.061	147	0.656	120/156
2022	0.564	121	1	1	0.973	63	0.061	139	0.65	116/146

出典：世界経済フォーラム（WEF）World Gender Gap Report 2020-2022

　ジェンダーギャップ指数（Gender Gap Index：GGI）とは、世界経済フォーラム（World Economic Forum：WEF）が発表しているもので、「経済」「教育」「健康」「政治」の4つの分野のデータから作成され、各国における男女格差を測る指数である。0が完全不平等、1が完全平等を示しており、過去3年間の日本の順位と指数は**表1**に示した通りである。

　表1からは、経済分野と政治分野の順位がとりわけ低いことが見て取れる。さらに項目別に見ると、経済分野・政治分野の双方において「指導的地位に就く女性がどれくらいか」という項目のスコアが低く、それが全体の順位を押し下げる要因となっている。

　指導的地位に就く女性は本当に少ないのだろうか。その点について、さらに男女共同参画局の統計を示す。

　図1からは女性の就業率が上昇していることがわかる。しかし、就業する女性の増加が、指導的地位に就く女性も比例して増加するという結果には結びつ

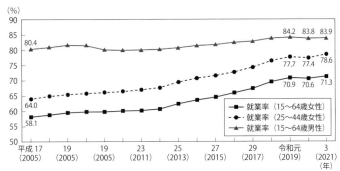

（備考）　1．総務省「労働力調査（基本集計）」より作成。
　　　　　2．平成23（2011）年の就業率は、総務省が補完的に推計した値。

図1　女性の就業率の推移
出典：『男女共同参画白書　令和4年版』

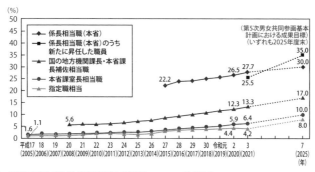

(備考) 1. 内閣官房内閣人事局「女性国家公務員の登用状況のフォローアップ」より作成。
2. 「指定職相当」とは一般職の職員の給与に関する法律（昭和25年法律第95号。以下「一般職給与法」という。）の指定職
俸給表の適用を受ける職員及び防衛省の職員の給与等に関する法律（昭和27年法律第266号）に基づき一般職給与法の指定
職俸給表に定める額の俸給が支給される防衛省職員を、「本省課室長相当職」とは同法の行政職俸給表（一）7級から10
級相当職の職員を、「国の地方機関課長・本省課長補佐相当」とは同俸給表（一）5級及び6級相当職の職員を、「係長相当職（本
省）」とは同俸給表（一）3級及び4級相当職の本省職員をいう。
また、「係長相当職（本省）のうち新たに昇任した職員」とは令和3（2021）年7月1日時点の本省に在籍する係長相当職の職
員のうち、令和2（2020）年7月2日から令和3（2021）年7月1日までの間に初めて本省の係長相当職に任用された職員をいう。
3. 平成17（2005）年から平成26（2014）年までは各年1月時点。平成27（2015）年から令和3（2021）年までは各年7月時点。ただし、
平成27（2015）年について、指定職相当は平成27（2015）年11月時点。

図2　国家公務員の各役職段階に占める女性の割合の推移
出典：『男女共同参画白書　令和4年版』

いていない。**図2**にあるように、役職段階が上がるほど、その地位で女性の占
める割合は下がり、国家公務員で指導的地位の女性の割合は2021（令和3）年
段階で、本省課室長相当職では6.4％、指定職相当では4.2％に止まる。

　内閣府男女共同参画局では、男女共同参画社会の実現に向けて、「社会のあ
らゆる分野において、2020年までに指導的地位に女性が占める割合が、少なく
とも30％程度になるよう期待する」という目標[1]を2003年に立てた。しかし、
達成期限である2020年に政府はこの目標達成を先送りにし、第5次男女共同
参画基本計画にて新たな目標を設定した。それによれば、国家公務員の本省課
室長相当職における女性の割合の目標は、2025年までに10％となっている。

　筆者自身が参加している研究会などの場においても、女性が指導的地位に増
えないというのは同様である。参加者が男性に限られてはおらず表だって女性
が排除されているわけではない。しかし、男性に比べて女性は継続して参加す
る割合が低く、メンバーとしての定着度が低い。その結果、その組織の中で中
心的な役割を担う女性は非常に少ない。従って、組織内の視点自体が男性中心
に偏る傾向がある。排除していないにもかかわらず自発的に参加を取りやめる
女性側の問題と考えられるかもしれない。しかし、能力が高く十分に指導的地

位に就く力のある多くの女性が、参加者として定着しない様子を多く見るにつけ、何か根深い要因があるのではないかと考えるようになった。

3．勤務校の現状—中等教育学校における男女比—

　本実践を行った茨城県立並木中等教育学校は、茨城県立では初の中等教育学校である。筑波大学や多くの研究機関が近隣にあり、学究色の強い地域にある。このような地域環境のもとで、SSH（スーパーサイエンスハイスクール）としての認定を受けており、実験的な授業や充実した探究活動が行われている。中等教育学校となって2022年度で15年目となるが、茨城県内有数の進学校として成長している。

　中等教育学校であるので、入学時の年齢は義務教育段階となる。これが、生徒の男女比において近隣の進学校とは異なる状況を生んでいる。茨城県内の共学の公立高校で学力層の最上位の学校では、男女比において男子生徒が多い傾向があるが、義務教育段階で入学する勤務校では募集の段階で男女が半々となるように定まっており、6年間を男女がほぼ同数で過ごす。その結果、女子生徒が性別において少数派になることはない。また、男女比が半々である状況が小学校段階から連続しているので、学力と性別の関連を強く意識せずに成長できる。

　参考までに2022年度の東京大学の学部学生の男女比を見ると、男子4992人、女子1264人となっており、男性が圧倒的に多い。東京大学男女共同参画室の松木則夫室長（2019年当時）は、学生とのインタビュー記事の中で、大学受験の際に東大を目指す女子が少ないことの背景として「男子は良い大学に行って良い職に就いて、家を継ぐ。女子は家庭を守り、男子を支える」という性別役割分担意識がまだ日本社会に根強く残っていることと、女子は遠く離れた東京で一人暮らしさせるのは心配だから手元に置いておきたいと思う保護者が多いことを挙げている[2]。

　このように、生徒の性別によって、家庭の進学に対する意識への違いが生まれ、それが高校入学段階ですでに現れている結果、公立進学校での男女の偏在が生じると考えられる。勤務校の生徒たちは、高校段階においても、男女双方がそのようなことを意識せずに過ごせるという点が、共学の公立進学校の中で

は他と異なる。このような環境で育まれるジェンダーフリーの意識を、卒業後も維持してほしいという願いと、高校卒業後にジェンダー規範の壁に仮にぶつかったとしても、たくましく生きていってほしいという願いが、本実践には込められている。

4．授業実践内容

　上記に述べたような問題意識と生徒の状況を鑑み、筆者の担当部分では「なぜ、日本では指導的地位の女性は増えないのか」についての背景を探ることとした。授業では、既存の歴史や公民の教科書には、ジェンダー教育という観点から見ると不十分な点があるのではないか、という点も検討し、自分たちも無意識に男女の序列を受け入れていることがあるのではないか、という点に気づかせることを目標とした。具体的には、①男女の序列を生み出すジェンダー規範とは何か、②女性が自信を持って発言することを妨げる行為としてはどのようなものがあるか、③教科書に載せるべき女性たちは他にもいるのではないか、という点について、授業を通して考察した。

（1）ジェンダー教育に関する用語の学習

　以下、授業内容に入る前提となる知識として押さえた用語を紹介する。これらを生徒に紹介するのは、用語を知ることによって、どのような場面が女性差別に相当するかに気づき、その場面についてどう受け止めるかを考えられるからである。また、今後自分が当事者となる場面においても、事態を客観視する力につながる。そのような効果があるため、これらの用語を、複数の教科に関連させ、高校段階で学ぶ内容に含めることを提案する。義務教育段階においても、「このような行為は性別に基づく差別に当たる」という具体例を学ぶ必要があると考える。なお、用語の選定やその内容の説明については前田健太郎『女性のいない民主主義』（岩波新書2019）を大きく参考とした。用語の学習については特にワークシートは用意せず、生徒各自が必要に応じてメモをとるということにした。ワークシートを用意しない意図は、書いて記録することよりも、具体的場面を想起した際の生徒たちの「気づき」を重視したかったためで

ある。そのような形式にしたことにより、生徒間のみならず授業者と生徒間での対話も活発に行いながら実施できたという成果があった。

用語①ジェンダー規範と性別役割分担

　社会規範の一種であり、人間を男性と女性の二種類に分けた上で、それぞれの人に自らの性別に合わせて一定の仕方で振る舞うように命じる。ある行動が、法律では許されていても、ジェンダー規範によっては許されていない場合、人はその行動を選択しづらい。ジェンダー規範を通じて生じる男性と女性の分業関係を性別役割分業と呼ぶ。

用語②マンスプレイニング（一方的な発言）mansplaining

　女性は、あまり世の中のことについて詳しくなく特に意見も持っていないだろうから自分が会話をリードしよう、という思い込みに基づき男性が女性に対して一方的に自らの意見を説明すること。男性 man + 説明すること explaining を組み合わせた造語。マンスプレイニングによって、女性の発言できる時間は短くなる。

用語③マンタラプション（発言の遮断）manterruption

　男性が、女性の発言を遮って自分の話を始めること。男性 man + 遮ること interruption を組み合わせた造語。男性が女性の発言を遮れば、その分だけ女性の声は政治反映されにくくなる。マンタラプションが行われる背景には、政治などの男性の役割と考えられやすい分野がまず存在しており、そこでジェンダー規範に基づいて女性の発言を封じようとする動きが生まれやすいということがある。

用語④ブロプロプリエイション（発言の横取り）bropropriation

　男性が女性の発言を自らの発言として横取りすること。女性が発言をしたとしても、その発言は男性のものになり、女性は議論に貢献しなかったことになる。兄弟 brother + 盗用 appropriation を組み合わせた造語。周囲が男性の発言を女性の発言よりも重視することによって生じる部分も大きい。

用語⑤クリティカル・マス critical mass

　政治におけるクリティカル・マスとは、その値を上回れば女性が本来の力を発揮できるようになるような、議員の女性比率を示す概念であり、国際機関や各国政府機関では30%がその値とされてきた。

　議論の場では、どちらか一方の性が多数を占める場合、少数の側は発言しにくくなるため男女比は重要な鍵である。男性が圧倒的多数を占める空間に少数の女性が参加する場合、女性は自分の意見を言いづらくなり、発言を控えたりその場で求められる内容に発言内容を限定したりする。すると、その場は実質的には男性のみからなる空間と変わらなくなる。日本の国会のように、男性が女性に比べて圧倒的に多い場では、女性は存在感を発揮しにくくなる。

　前述した、公立高校での男女比について、クリティカル・マスが達成されている学校では女子生徒が感じる発言しづらさは小さいだろう。残念なことであるが、筆者やそれ以上の年代の女性が高校生だった頃は、クリティカル・マスが達成されていない状況での女子生徒が非常に肩身の狭い思いをしたエピソードを耳にした。30％以上を女性が占めるようになれば、女性が本来の力を発揮しやすくなると考えられるため、前述の2020年までに指導的地位に女性が占める割合を30％程度とする、という政府目標や、諸外国におけるクオータ制（一定数以上を女性に割り当てる制度）も、根拠はそこにある。日本での第5次男女共同参画に基づく目標設定で、本省課室長職の女性を2025年までに10％に増やすとなっているが、そこがゴールなのではなくいずれは30％という数値が目指されていることを信じたい。

　上記の用語を説明していくうちに、生徒たちはその用語の内容に当てはまる場面を想起し、それまでは素通りしていた場面で実は女性が発言しづらくなる状況が、現在でも、また歴史上においても作り出されていたことに気づく。すると、その先について考えられるようになる。「なぜ、女性が指導的地位に少ないのか」、については、議論の場で女性が少数である場合発言しづらく抑制的になりがちであるため、結果的に形だけの参加となり、意義を見いだせず、積極的には参加しなくなるのではないか、ということに想像が及んでいく。歴史の教科書で女性に関する記述が少ないのも、歴史叙述者の視点に偏りがあるのではないかという点に思考が及ぶようになる。すると、女性側の問題というよりは構造的な問題であるということや、政治的な決定がなされる場で女性に一定数を割り当てるということが男女の対等な議論のために必要な是正措置ではないか、という点に思考が及ぶようになるのである。

（2）教科書における女性の扱い

　本時では、自分たちの使用している教科書は、ジェンダーに関して偏りのない記述がなされているのかについても考えた。教科書の内容が男性史の視点に偏っているという批判は、今に始まったわけではない[3]。また、近年、女性に関する記述は増加傾向にあるといえる。しかし、山川出版社の『日本史探究高校日本史』を例に見ると、女性に関する内容で太字となっている箇所はわずか6カ所である。また、それ以外の女性に関する記述においても、人物の紹介はされても、その人物の意思や、意思の結果の行動にまで及ぶ記述はほとんどない。時代的にも女性や女性に関連した記述の登場回数には偏りがあり、古代で12件、近代で18件であるが、中世では3件、近世においては1件しかない。中世史と近世史において、高校日本史では女性は抹殺されている。

　この点について、三省堂の世界史教科書の執筆者であった富永智津子は、女性は重要な政策決定の場から排除されてきたという歴史的経緯と、歴史上に影響を与えた女性がいたとしても「女性」であるという理由から無視されてきたという事実が存在し、「女性史」は既存の「男性史」を脱構築することには成功していない、と述べている[4]。さらに、これまでの歴史叙述には様々な権力関係や支配・従属関係への視点、その歴史的背景やプロセスの分析が欠けていること、ジェンダー間の諸関係、あるいは男性性や女性性がある政治的目的を持って構築されてきたことを跡付けることが求められているとも述べる[5]。筆者はこの点に強く賛同する。

　本実践では、教科書の内容もジェンダーの視点から見ると偏っていることに気づかせ、2018年の東京大学の世界史の入試問題を参考に、世界史の中の女性たちについて考えた（世界史教諭担当部分）。また、日本史・世界史さらには公民分野、特に倫理において、教科書で扱うべき女性が他にもいるのではないかという点について考えた。筆者からは、女性が登場しなくなる歴史的背景への説明が必要である、男性と同様に意思をもって行動した女性にも触れる必要がある、思想史において登場する女性がごくわずかであるのは、意思や思想を持った女性がいないという誤ったメッセージを伝え、それが受け止める側の行動にも影響を与えることになるのではないか、という課題を提示した。その上で、世界史でならばイギリスの女性参政権獲得運動を牽引したサフラジェット運動

と、その中心人物であったエメリン・パンクハースト、アメリカで女性参政権獲得運動を行ったアリス・ポールや、フェミニズム運動を牽引した第二次世界大戦後のベティ・フリーダンといった人物、日本史ならば男性同様の投票権付与を主張した楠瀬喜多などの人物についての記載を加えるべきではないかという提案を行い、なぜ彼女たちについての記載はないのかについて考える時間を持った。授業計画書は後に示す通りである。授業者が二人である特別授業であり、タイトなタイムスケジュールの中、互いに内容を精選する点を工夫した。

指導案は以下の通りである。

表2　授業計画 (Ⅰは筆者、Yは世界史担当教諭を指す)

時間	内容	担当者
7分	発問：衆議院における男女の比率とその世界での順位など日本における女性の地位についていくつかの指標で確認する。	Ⅰ
	発問：歴史上の女性の中から活躍している人物を挙げさせる。	Y
	本時の授業での前提となる用語について説明：ジェンダー規範など。	Ⅰ
5分	発問：世界各国の男女の参政権実現はいつか？	Y
	女性の政治的権利の獲得の歴史を確認 (グループワーク)。	
	上野千鶴子氏の東大入学式の祝辞の感想を確認 (事前課題)。	Y
5分	東大入試問題からの気づき。	Y
	●フランス革命における女性の地位について (グループワーク)。	
5分	フランス革命の人権宣言やグージュの「女性及び女性市民の権利宣言」。	Y
5分	(事前課題)を紹介し、フランス革命期～19世紀の女性の地位を概観。	
	同時期の日本の状況について補足説明。	Ⅰ
5分	●第一次世界大戦前後の女性参政権獲得の流れを確認する。	Y
	補足説明 (サフラジェット運動・アリス・ポールの活動など)。	Ⅰ
3分	●WWⅡ後の仏・日本の女性参政権獲得・世界人権宣言の確認。	Y
	補足説明 (WWⅡ後の日本での女性議員の状況など)。	Ⅰ
	●1970年前後のフェミニズム運動の説明。	Y
5分	補足説明 (ベティ・フリーダンの活動など)。	Ⅰ
5分	この時間に学んだ女性たちについての記述がなぜ教科書にはないのかについて議論。市民権拡張を主張した男性に関する記述と比較。	Ⅰ
5分	日本での男女平等を目指す法制度の成立過程を確認し、女性が生きる上で、ジェンダー規範がどのような影響を与えているかについて考え、指導的地位に女性が少ない背景を考察する。	Ⅰ
	発問：「～らしさ」について生徒自身が気づいたことや変わったことがあるか、またその上で自らの今後の行動についてどう考えるか。	Ⅰ
5分	グループで議論の後、生徒代表数名が意見を発表する。	
	本日のまとめ。	Y・Ⅰ

5．生徒の変容

　授業では、夏季休業中に読むことを課題としてあった上野千鶴子氏の2019年東京大学入学式祝辞の内容と、本時の内容とを併せて考えたことを分かち合う時間をとった。授業後には感想をレポートの形で提出してもらい、それによって生徒の変容を知ることができた。多くの生徒は、気づきの段階を経験し、そこから身近な例として捉え直す段階に進んだ。さらには、最終的に自らの探究につなげるという深化をたどった生徒も見られた。以下その変容を追う。

（1）気づき

　ほぼ全員に見られたのが、授業を通しての気づきである。多くの生徒は、「今まで気づかずに受け入れてきたジェンダー規範があることに気づいた」「自分が気づかずにジェンダー規範に基づいて他人や学習の内容を判断していた」ということに気づいたと述べている。中でも、「女子は「かわいい」こと・守ってもらえること・絶対に相手を脅かさない保証があることを期待される」ということにはっとしたという意見や、「チャンスを与えても拒否するのは女性の責任だと述べる人に対し、男性がマジョリティである場に出ていくと発言しづらいだけではなく、マンスプレイニングやマンタラプションなどで辛い思いをする可能性を感じているから行けないという女性の立場に気づき、女性だけの責任とは言えないと感じた」という意見が見られた。また、「男性の価値と成績の良さは一致しているのに、女性の価値と成績の良さとの間には、ねじれがある、という上野氏の言葉をもっともだと思いながら、そう思っている自身が同時に、東大女子はちょっと近寄りがたいというマイナスイメージを抱いていた」ことに気づき、衝撃を受けたというものもあった。

　自分が無意識のうちにジェンダー規範に束縛されていたことに気づいた生徒たちは、自分がなぜそのように「気づかない内に受け入れる・判断する」ということをしているのかについて考察し、「周囲の環境の影響の下で自然と受け入れていたことに気づいた」「このような問題があることに気づけない社会を怖いと思った」などの感想を持った。

（2）気づきの深化　新たな疑問への発展

　自己のうちに、無意識に受け入れてきたジェンダー規範に気づいた生徒たちは、さらに実例について考えたり、自分の中で封印していた疑問を解放したりし始めた。以下、抜粋で紹介する。

・テレビ番組で「女性とは思えない、かわいさ偏差値0」というような表現を見聞し「女性はかわいい存在であるべき」という偏見を感じた。

・女性の問題と同時に男性が男性としてのジェンダー規範から解放される環境の実現も併せて考えなければならないと感じている。

・過去に職業調べをして、銀行員について調べたが女性が圧倒的に不利だということがわかり、虚しく思いながらも銀行員を職業の選択肢から外した。そしてその時の虚無感を今日まで忘れていた自分に衝撃を受けた。

・中等教育学校での6年間で女性の生徒会長は一人しか経験せず、生徒会長に立候補した女性もその人一人しかいなかった。それは、女子生徒が立候補しにくいと感じる男女間の役割分担が本校にも暗黙のうちにあったということなのではないか。

・エメリン・パンクハーストが連行される場面の写真は何度も見たことがあったにもかかわらず、彼女の名前を知らなかった自分の視野の狭さに落胆し、自分が記憶する限り、彼女についての注釈に触れる機会もなかったことに疑問を抱いた。

・自分に差別された経験がないのは、周りの様子や大人の勧めに従うことで、差別を避ける選択をしてきたからかもしれない。差別を受けなければ良いというわけではないのだ。差別や不利を避けるがために選択肢が減っている、これこそが不平等なのだということに気づいていなかった。

などである。紙幅の関係で紹介しきれないが、多くの生徒が気づきによって大きな刺激を受け、自らの経験や身近な事象に照らし合わせて捉え直し、思考を深める段階に至ったことがわかる。

（3）探究への結実

　生徒の中には、授業での気づきを深化させ、さらに自らの探究に結実させた者もいた。そのうちの一人は「女性の政治参加を訴えた活動家達が教科書に載

らず、ナイチンゲールだけが知られている理由」を考え直すことにし、ナイチンゲールについてまず調べた。当初、この生徒の疑問の出発点は「ナイチンゲールは男社会が無意識に女性に課している役柄に徹したから喜ばれた結果教科書に載り、女性活動家達は激しさが嫌われたから教科書に登場しない、という認識が正しいのか」であった。その疑問について考えるに当たり、この生徒は、ナイチンゲールに関しての知識が「悲惨な状況下で兵舎病院環境を劇的に改善し多くの命を救った」ということだけで判断を下すには不十分であると考え、まずナイチンゲールの功績を調べた。

　その結果、ナイチンゲールはあらゆるジャンルの教育を施された高い知性を持つ人物であり、従軍看護師としては縦割り行政の弊害を打破すべく活動し、帰国後も統計学に基づく改革を続けてレーダーチャートを発明した人物であること、さらには赤十字社や将校、大臣が相手でも直言を厭わない頑健な精神と超人的体力とを持つ類い稀な人物であったことを知った。しかし、ナイチンゲールのそのような側面よりも、あくまでその優しさと献身が強調されていることも同時に確認した。本生徒は、それについて「「天使」という観念を「女性」のステレオタイプに押し込め、統計学の先駆者であるにもかかわらず、その点は評価されていない」と判断し、フローレス・ナイチンゲールという歴史的英雄でさえ科学者としての真価は教科書に載っておらず、男性の領分に入り込んでもたらした功績は今なお黙殺されている、と結論づけた。さらに、このナイチンゲールの例から、実績を残しながらも女性が歴史に名を残せないことがあることを理解し、女性活動家たちが教科書から排除されている背景につながるのではないか、というところまで思考を深め、レポートとして表現することができた。

　このように、生徒によっては、授業での気づきや疑問を深化させ、自らの探究につなげ、自分なりの意見として表現するというまでの変容が見られた。その思考の深まりは高校3年生という発達段階に相応しいものといえる。

6．おわりに

　自らの授業が、女性が排除されている歴史を裏書きし、現在のジェンダー関

係の再生産に与しているのではないかという葛藤は、私だけのものであろうか。17世紀以降の世界史における諸権利を持つ市民としての個人は男性のみが想定されてきた。そのことへの疑問すら提示しない授業を続けるのではなく、あらゆる人間を主体とした歴史に書き換えていく、という変化を高校の歴史教育においても起こす時がきたと考える。そして、それは女性の選択肢がジェンダー規範によって制限されない社会の創造につながる取り組みであると考えている。

　本実践では教科書に記載すべき人物として複数の女性を挙げたが、歴史の授業で、そのように特定の女性のみを取り上げるということにとどまらず、様々な領域と女性、あるいは男性との関係がどのように構築されてきたかまでをも含めて考えるという変化が求められる。どのような実践からその可能性が開かれるのか、今後も試行錯誤を続けていきたい。

注

1) 平成15年6月20日男女共同参画推進本部決定、『2020年30％』の目標。
2) 「東大でお待ちしております〜誰もが活躍できるキャンパスを目指して、松木則夫 男女共同参画室長より〜」東京大学男女共同参画室　https://www.u-tokyo.ac.jp/kyodo-sankaku/ja/campus-voice/s0902_00002.html
3) 富永智津子「「ジェンダー」視点の導入による歴史認識の転換―『世界史』の教科書を題材に―」『学術の動向』2007年3月号、日本学術会議
4) 同上
5) 同上

［参考文献］

前田健太郎(2019)『女性のいない民主主義』岩波新書

ジョーン・W・スコット著、荻野美穂訳(1992)『ジェンダーと歴史学』平凡社

富永智津子(2007)「「ジェンダー」視点の導入による歴史認識の転換―『世界史』の教科書を題材に―」『学術の動向』2007年3月号、日本学術会議

なぜ根強いジェンダー格差があるのか

―認知バイアスの視点で考える―

塙　枝里子

1．はじめに

　日本のジェンダーギャップ指数 (Gender Gap Index : GGI) は146カ国中116位 (2022, World Economic Forum) と先進国および ASEAN 諸国の中では最低水準となっており、ジェンダー平等は解決すべき社会課題である。しかし、性差は身近な問題であるが、私たち自身の性差に対する偏見は見えづらい。また、私たちは社会意識や慣習から「男らしい」、「女らしい」というような男女の役割にある特定の価値観（ジェンダーバイアス）を生み出しており、それゆえにアンコンシャスバイアス（無意識の偏見、思い込み）がジェンダー平等の障壁となっている。

2．背景および先行研究

　これについて、I. Bohnet (2016) は認知バイアスのアプローチによって、私たちの意思決定が無意識にジェンダーバイアスに影響を受けてしまうメカニズムを明らかにし、ジェンダーバイアスを取り除く仕組みを提案している。しかし、日本ではこのようなアプローチは職場、医療、政策現場で生かす事例はあるものの、教育分野での検討や実証研究は見当たらない。

　一方、学校現場では教育委員会の人権教育プログラムなどによって多様性やジェンダー平等が謳われてきた。また、升野・國分・金 (2018) をはじめ、多くのジェンダーに関する授業実践が社会科、家庭科、保健・体育科などの教科教育で行われてきた。しかし、これらは正しい知識・技能を習得すればジェンダー平等が解決に向かうことを前提としており、合理的と思える判断に無意識

的なバイアスがあるためにジェンダー格差が存在することには踏み込まれていなかった。そのため、授業で認知バイアスの知見を用いることで、生徒は社会的事象をより現実に即して捉えることが可能になると思われる。

　認知バイアスの知見を用いた高等学校・公民科での授業実践には大塚（2019）などがある。これらは主に金融の単元において合理的経済人仮説を前提にするのではなく、完全に合理的な行動をとることができない人間を前提として、消費や貯蓄行動を扱い、金融を取り巻く環境について学習するもので、現代の諸課題を多面的・多角的に捉えることが可能となっている。

　以上を踏まえ、本章では、なぜジェンダー格差はなくならないのか、主に労働市場におけるジェンダー格差を扱い、格差をなくすための施策について、認知バイアスの知見を用いて考察する授業を提案する。なお、本授業の実践中に第１版が発売された『アダム・スミスの夕食を作ったのは誰か？』を著したMarçal（2021）は、伝統的な経済学が前提としている合理的経済人仮説に女性が含まれていないことを指摘しており、本授業も前提条件を疑う点で一致している。

　生徒が無意識的なバイアスに気づき、あらゆる人々が活躍できる社会を実現するにはどうすればいいのか。このような問いを考察することで、ジェンダー格差解消の議論を深めることを目指す。

３．授業の対象と概要

　授業は2021年度に筆者の勤務する東京都立高校第３学年における選択「現代社会」受講者（24名）に実施した。勤務校は農業科３科（都市園芸科・緑地計画科・食品科学科）、家庭科２科（食物科・服飾科）を有し、都内で唯一「衣・食・住」が学べる専門高校である。卒業後は大学・短大・専門学校に約７割、残りが民間や公務員として就業する。入学時から学科間、学科内における基礎学力の差が大きい。そのため、普通科の授業は誰にとってもわかりやすい授業づくりを心がけている。

　本章で主に紹介するのは、筆者が改変を加えながら５年以上実践し続けている３時間構成の単元のうち、３時間目の授業である。第一段階は、「男」と「女」

から想起する言葉を取り上げ、ジェンダーの考え方を理解する段階。第二段階は、アイドルの歌詞からジェンダーバイアスを見つけ、第一段階と関連させて自身が内包しているバイアスに気づく段階。そして第三段階はなぜ根強いジェンダー格差があるのか、認知バイアスの知見を用いて考える段階となっている。

　「現代社会」や「政治・経済」では平等権や社会参画、労働の分野などで、新科目「公共」では「A 公共の扉」における「（1）公共的な空間を作る私たち」、「B 自立した主体としてより良い社会の形成に参画する私たち」における「（3）主として経済に関わる事項」の職業選択、雇用と労働問題の主題学習などでの展開が可能と考える。

4．単元指導案

（1）単元の目標（3時間扱い）

・ジェンダーの意味を理解する。

・身のまわりのジェンダー構造やジェンダーバイアスに気づくことができる。

・根強いジェンダーバイアスを乗り越え、多様な他者と共に生きるために、自身がどのように考え、どのような社会を目指したいか、認知バイアスの見方・考え方を活用し、考えを深めることができる。

（2）単元構成（3時間扱い）

表1　単元指導案

	ねらい	学習の概要
第1時	自身の「男」「女」の認識を見える化し、ジェンダーとは何かを理解する。	【発問】「男と聞いて思い浮かぶ言葉」、「女と聞いて思い浮かぶ言葉」を付箋紙に記入し、黒板に貼りにいこう。

		【活動】「男」「女」と聞いて思いつく言葉を4人1組のグループでそれぞれ5つ以上考え、クラス全体で共有する。（写真：青色とピンク色の付箋紙を配布すると、男を青色、女をピンク色に書くことが多い。なお、授業者は性別の色は一切指定していない） 【説明】性別には、生物学的性差（セックス）と社会的・文化的に形成された性差（ジェンダー）があり、思いつく言葉はほとんどの場合、ジェンダーに関わるものであることを理解する。また、最近では、ジェンダーは身体的性別、性自認、セクシュアリティ、性的役割など幅広く使われることについて、LGBTQなどの話を交えながら紹介する。
第2時	自分の心にある隠れたジェンダーバイアスに気づき、性差から性役割は導けないことを理解する。	【発問】これから視聴するアイドルの歌詞を聴いて、「ちょっとヘンかな？」「違和感があるな？」というところに線を引いてみよう。 【活動】歌詞に線を引き、グループ、クラスで共有する。 【説明】性別にかかわる偏見・差別や固定的な性別役割観をジェンダーバイアスということを知り、性差から性的役割は導けないことを理解する。 【活動】第1時で書いた付箋紙の中から、ジェンダーバイアスと言えるものをピックアップする。
第3時	根強いジェンダーバイアスと認知バイアスの関係を理解し、労働市場におけるジェンダー格差をどのように解消するか考察する。	＊本報告での主題（以下を参照）

5．学習指導案

（1）本時の目標（1時間扱い）

・各種統計資料を読み取り、労働市場におけるジェンダー格差が存在することを理解できる。
・根強いジェンダー格差の原因の一つに認知バイアスの影響があることを理解

することができる。
・ジェンダー格差を克服し、一人ひとりが社会の対等な構成員として、活躍できる労働環境を築くにはどうすれば良いか、具体的な課題解決策を提案することができる。

（2）指導案（1時間扱い）

表2　指導案

時間	具体的な学習活動	指導上の留意点・配慮事項など
導入10分	・本時は労働市場におけるジェンダー格差を扱うことを知る。 ・働く上でのジェンダー格差の有無について考える。 【発問】現在、日本で働く上でジェンダー格差はあると思いますか？ ・諸資料（主に「賃金構造基本統計調査」、「全国就業実態パネル調査（JPSED）」）を読み取り、感想や意見を発表する。	・最初は個人ワーク、その後ペアワークにするなどして他者と意見を交換する。 ・必要な情報を適切かつ効果的に読み取ることができるよう、的確に指示する。 ・年齢、学歴、労働時間など属性の差異を揃えた場合でも男女間で賃金格差があることが理解させる。
展開①15分	・根強いジェンダー格差の一つに認知バイアスの影響があることを、2つのクイズおよび授業者の説明を通して考察する。 ・【クイズ①】では、私たちが物事を直感的に判断してしまい、確率を処理できないことを体感する。 ・【クイズ②】では、外科医＝男性などの思い込みによって判断しがちであることに気づかせる。 ・特に【クイズ②】のような典型的な集団事象に基づくイメージは	・クイズは時間を取りすぎず、直感的に答えてもらうようにする（2つ合わせて3分程度）。 ・【クイズ①】は心理学者のTversky, A. and D. Kahneman（1983）が発案したいわゆる「リンダ問題」と言われるもので、合成の誤謬の具体例とされるものである。 ・【クイズ②】は原典不明だが、医者は男性であるという思い込みをクイズにした有名な事例である。 ・ワークシートにジェンダーステレオタイプなどをまとめさせる。

	「ステレオタイプ」と呼ばれ、社会的な性差（ジェンダー）に関するステレオタイプは「ジェンダーステレオタイプ」と呼ばれること、合理的と思える判断にも無意識のバイアスがあることを理解する。	・ここでは、根強いジェンダー格差の要因の一つとして認知バイアス（ヒューリスティクス）を取り上げているが、格差の要因は性差による選好、特性の違いや個人の家庭環境や所得など様々なものがある点に触れる。
展開②20分	・ここまで学習したことを踏まえ、労働市場におけるジェンダー格差克服のための施策を具体的に考察する。 【発問】今日は2つの課題を考えていきましょう。［課題①②］ ・考察した内容をまとめ、クラス全体で共有する。	・全員が2つの課題を考えるのではなく、どちらかを選択して考察させる。
まとめ5分	・授業者の説明を聞き、今日の授業の感想をまとめる。	・ジェンダー格差の解消を目指すからといって男女が全く同じ待遇を受けるのではなく、多様性を受け入れ、あらゆる人々が活躍できる社会をつくっていくことが重要であることを説明する。

ワークシート

【ワーク1】現在、日本で働く上でジェンダー格差はあると思いますか？　また、そう思う理由を書こう。

ある　・　ない
（理由）

【ワーク2】データを見て、気づいたことを挙げてみよう。
※実際はワークシート上にグラフを提示した（※掲載を省略）
・厚生労働省「賃金構造基本統計調査」2019年度
・リクルートワークス研究所「全国就業実態パネル調査（JPSED）」2020年度

【ワーク3】クイズに答えよう。

【クイズ①】リンダ問題

リンダは31歳で独身。素直な物言いをし、非常に聡明な女性です。大学では哲学を専攻していました。学生時代には、差別や社会正義といった問題に深く関心を持ち、反核デモにも参加した経験があります。さて、現在のリンダの状況を記述したものとして、以下の2つの選択肢のうち、どちらの可能性がより当てはまりそうですか？　可能性の高い方を選んでください。

　　A　リンダは銀行の窓口がかりである。

　　B　リンダは銀行の窓口係で、フェミニスト運動に参加している。

※フェミニスト運動とは…女性解放思想、およびこの思想に基づく社会運動の総称

【クイズ②】（　　　　　　　）に入る語句は何だろう？

父親と息子が交通事故にあいました。

父親は死亡、息子は重傷を負い、救急車で病院に搬送されました。運び込まれた父親と息子を見た瞬間、外科医は思わず叫び声をあげました。

「手術なんてできない！その子は私の（　　　　　　　）だから」と。

【ノート】

典型的なイメージに基づくイメージは（　ステレオタイプ　）と呼ばれ、社会的な性差である（　ジェンダー　）に基づく（　ステレオタイプ　）を（　ジェンダーステレオタイプ　）という。クイズで体感した直感的・自動的にはたらく思考モード（システム1）を（　ヒューリスティクス　）という。

→　実は、私たちが合理的と思える判断にもこのような無意識のバイアスがかかっていることが多い。

(例) 働く上での無意識のバイアスを挙げてみると…

＞＞＞シニアはパソコンが苦手、最近の若者は根性がない、女性は管理職に向いていない、男性は大黒柱、短時間社員は仕事より家庭が大事、外国人は自己主張が強い（東京人権啓発企業連絡会 HP より）

【ワーク4】今日学習したことを踏まえて、課題を克服する策を考えてみよう！

【課題①】男性・女性を問わず優秀な人を採用するにはどうすればいいだろうか？
【課題②】2022年度10月以降から始まる「男性版産休」を浸透させていくためにはどうすればいいのだろうか？
選んだ課題：
解答メモ：

【ワーク5】今日学んだこと、感想などを書こう。

【クイズ①】の正解：A　【クイズ②】の正解：息子・子ども

6．授業の詳細と分析

（1）導入

　ワーク１の「現在、日本で働く上でジェンダー格差はあると思いますか？」について、生徒の反応は「ある」が13名、「ない」が8名、わからないが3名であった。

　「ある」と回答した理由には「女性は昇進できないと聞くから」、「セクハラがひどいから」、「子どもを育てるのが大変だから」などがあり、「ない」と回答した理由には「法律で決まっているから」（男女雇用機会均等法のことを指している）、「ジェンダー格差をなくすために政府が努力しているから」、「ないと願いたい」などがあった。

　その後、ワーク２で「賃金構造基本統計調査」を見せると、生徒は概ね「男女間賃金格差は時代とともに改善されている」という気づきとともに、「それでも女性が男性に対して約7割程度の賃金しかない」という愕然とした反応をする。「この原因はなぜか？」と問うと、「女性の非正規雇用が多いから」や「出産や育児で働き方を変える人が出るから」という反応が出てくる。そこで「全国就業実態パネル調査（JPSED）」によって年齢、学歴、正規社員としての労働時間、

経験年数など属性の差異を揃えた場合の男女間賃金格差が１割以上生じていることを確認させる。すると、「せっかく私正社員でバリバリ働こうと思っていたのになぜ」、「変わってないじゃん」、「結構根深い」などの意見が出てきた。

（２）展開①

　この「結構根深い」問題を深めるために用いたのがクイズ①・②である。クイズ①「リンダ問題」では、筆者の想定通り、Ａを選択した生徒が２人、Ｂを選択した生徒が22人という結果となった。これは多くの生徒が直感的に判断したために、単純な確率の問題を見誤ったためである。一方、クイズ②はほとんどの生徒が正答を導くことができた（一般的に認知バイアスで想定される予想とは異なる結果となった）。これは授業時に放送されていた「失敗しない」外科医のドラマの影響があったためと思われる。ここでは「先生、これじゃ引っかからないよ」、「外科医は男女関係ないでしょ！」という意見が出た。

　クイズのまとめとして、ヒューリスティクスを紹介したところ、「絶対正しいと思っていても違うなんて人間の錯覚こわい」などの感想があった。

（３）展開②

　ワーク４で出てきた生徒の策を以下にまとめた。
課題①男性・女性を問わず優秀な人を採用するにはどうすればいいだろうか？
　・履歴書などから男性・女性など性別を問う欄をなくす
　・採用される人を性別不明なアバターにしてオンライン面接をする
　・面接官との間にカーテンをして、変声機を使用する
　・メタバース上で採用面接をする
課題②2022年度10月以降から始まる「男性版育休」を浸透させていくためにはどうすればいいだろうか？
　・固定観念が強そうな男性管理職の理解を得る
　・「みんな取得するよ」という圧をかける
　・強制的に取得するようなしくみをつくる
　このうち、アンダーラインの意見はI. Bohnet（2016）も提案する認知バイアスのアプローチによってジェンダー格差を乗り越えるしくみであり、先行研究

など一切伝えていないのにアイディアが出てきたことに驚いた。

（4）まとめ

生徒の意見を一部掲載する（番号は筆者）。

1　ジェンダーについてもっと勉強したいと思った。

2　男女平等って形式的に決めつけるのではなく、それぞれの事情や状態に合わせて働きやすさを整えて、みんなの生きづらさを解消していくことが必要。

3　クイズ①には引っかかったが、②は楽勝！　無意識のバイアスって確かに世の中にはたくさんあると思った。

4　知らないことがたくさんあったから、面白かった。でも正直、すべて平等になってこれから働く職場（※造園業に就職予定）で男性と全く同じことをやれと言われたらツライ。ぶっちゃけ、ヒューリスティクスに助けられていることもあると思う。

　1、2はこれまで筆者が実施してきた授業でも出てきそうな意見だが、3、4は認知バイアスの見方を活用した表現をしている。特に4は本音を書いてくれたもので筆者も考えさせられた。

7．前提条件を疑う視点を持とう

　本単元は、「差別はいけない」と頭ではわかっていても、社会意識や慣習がジェンダーバイアスを生み出し、生徒自身がバイアスを内包していることに気づく仕掛けになっている。バイアス自体が悪いのではなく、そのような認識を超えてあらゆる人が活躍できる社会を実現していくにはどうすればいいのか、第3時で深く考察させることが重要である。もちろん、ジェンダー格差がなくならないことは無意識のバイアスだけで説明できるものではない。多くの差別や偏見の問題と同じように、家庭環境や所得、選好など様々な要因が関わっている。しかし、認知バイアスの知見を用いることで、差別や偏見について綺麗事で終わらせず、社会的事象をより現実に即して捉え、その上でどのようなことができるのかを提案できるようになると考える。

　生徒は授業を通して、自身が持っていたバイアスに衝撃を受ける。授業前の

質問では多くの生徒が「男女差別はない」と認識し、男性が育休を取ることに「賛成」なのだが、単元の後半では「男女差別はある」、もし自分や自分のパートナーが「男性版育休」を取ることになったら「反対」または「わからない」という回答が増える。これは、社会課題を杓子定規に捉えるのではなく、「自分ごと」化できたためだと考える。その上で、「せっかくなら男性も育休を取得した方がいいと思っていたのに、まだ男性の育休が確立されていないため、男性の育休もしっかり根付けるために法整備する必要があると思った」、「夫婦で相談したりして、うまくやっていくことは大切」、「男女という性別を超えた世界に現代はなりつつあります。女、男という特徴や個性を自分自身で尊重し、他を認めることが、差別といった古い認識をなくしていくと思う」など自分や社会がどう在りたいか、どう在るべきかという議論ができるようになる。

　また、第3時の感想からは認知バイアスを習得することで、無意識に根付く固定観念やジェンダー平等を実現する困難さへの理解が深まったと考えられる。

8．今後の課題

　ジェンダーに関する授業を始めて数年、日本のジェンダーギャップ指数は改善されず、男女格差が縮まったとは言い難い。しかし、変わったこともある。それは、男女共同参画社会の法整備が進み、男女の候補者の数ができる限り均等となることを目指す政治分野の男女共同参画推進法や、子どもの誕生直後に父親が休みを取りやすくするいわゆる「男性版産休」を設ける改正育児・介護休業法が成立したことである。これらは法律によって、ジェンダー平等を実現しようとするものである。しかし、法や規範をいくら整備しても、人々のバイアスは根強く、理想を現実のものとするのは難しい。また、ジェンダー平等に向けては男性の「逆差別」問題もあること、ジェンダーは「男」「女」という二元論ではなく、LGBTQ（L＝レズビアン、G＝ゲイ、B＝バイセクシャル、T＝トランスジェンダー、Q＝クエスチョン）などのセクシャルマイノリティの視点があることを忘れてはならない。

　バイアスを乗り越え、多様な他者と共に生きるには、まず他者を理解することから始まる。人種、性別、年代などによる差別や偏見を是正し、一人ひとり

が社会の対等な構成員として、活躍できる社会を作るにはどうすれば良いか。アダム・スミスの思想や理論だけでなく、夕食を作った人がいることを忘れずに、これからも生徒とともに考えていきたい。

[参考文献]

World Economic Forum (2022) *The Global Gender Gap Report 2022*, World Economic Forum

Iris, Bohnet (2016) *What Works: Gender Equality by Design*, Harvard University Press

Marçal, Katrine著、高橋璃子訳（2021）『アダム・スミスの夕食を作ったのは誰か？ ─これからの経済と女性の話─』河出書房新社

大塚雅之（2019）「高等学校 新科目「公共」に向けた起業と金融教育で活かす行動経済学の授業実践」先生のための春の経済教室、経済教育ネットワーク

Tversky, A. and D. Kahneman (1983) Extensional versus intuitive reasoning: The conjunction fallacy in probability judgment, *Psychological Review* 90

第10章　中学生は子どもの貧困をどのように考えるか

ージェンダーとケア責任の視点を加えてー

升野 伸子

1．はじめに

　子どもの貧困が、社会的に課題となっていることは誰もが認めることだろう。子どもの権利が十分に守られず、貧困の再生産につながる可能性も大きい。

　OECDの資料によると、日本では再分配後の相対的貧困率の高さが加盟国30カ国中2位となっている（1位はアメリカ）。相対的貧困率は国民の15.4％（6〜7人に1人）、子どもの相対的貧困率は13.5％（7〜8人に1人、約260万人）である[1]。ところがこの数字はひとり親家庭になると48.1％に跳ね上がり、2世帯に1世帯となる。そして、ひとり親家庭の85％は母子世帯である[2]。

　子どもの貧困は言い換えれば、母子家庭の貧困であり、女性の貧困でもある。これを改善するためには、女性の貧困に目を向ける必要がある。また、日本の母子家庭の就業率はOECD平均が70％なのに対し、81.8％である。多くの母子家庭の女性は、働いているのにもかかわらず相対的貧困率が高いのである。

　本単元は、政治分野の社会権、経済分野の社会保障や労働、また新科目「公共」では内容Bのねらい「小・中学校社会科で習得した知識等を基盤に、人間と社会の在り方についての見方・考え方を働かせながら、（中略）現実社会の諸課題を自ら見出し、考察、構想する」に合致する単元として設定することができる。

　本章では、まず、一般的な「子どもの貧困」を授業で扱う指導事例を紹介する。この事例から、より深い、本質的な学習のためには、ジェンダー視点が必要なことを解き明かし、「現実社会にある諸課題」を自ら見出す力を育成するための視点を提示していきたい。

2．中学校公民的分野　社会権での授業

本実践は、社会権についての学習の後に、既習の自由権・平等権で「習得した知識」を生かして考察する単元として行った。まだ労働や社会保障については学習していない。授業は1時間で次の活動を行った。なお授業実践は拙稿「支援策を選ぶ活動を通じて、『公正な社会』について考える」（『社会科教育』2018年10月号）に掲載されており、本稿はそれをより詳細に分析したものである。

導入部分では、いくつかの資料を用いて、子どもの貧困について、次の点を理解させた。

> (1)　相対的貧困と絶対的貧困の説明をした上で、日本は先進国の中で、子どもの貧困率が高いこと。
> (2)　世帯別では、子どもの貧困率はひとり親世帯では約50%であること。
> (3)　日本の相対的貧困率は上昇傾向にあり、約16%となっていること。
> (4)　子どもの学力と世帯収入には正の相関があること。
> (5)　子どもの貧困は、若者の貧困、大人の貧困につながりやすく、それが負の連鎖を生み出す傾向があること。

展開部では、事例を読み、支援リストから3つを選ぶ活動を行った。まず自分で考え、班で意見交換して3つを選び、それを黒板で共有した。そして意見交換を行った。

> Mさんは中学校1年生でひとり親家庭の子どもです。下に弟と妹がいます。母親の給料は手取りで15万円位です。母親は仕事が忙しく帰りも遅く、先日ついに具合が悪くなってしまいましたが病院には行っていません。仕事を休みがちなので、給料はますます下がってしまいました。Mさんは毎日弟妹の食事の支度をしており、他の家事もあり毎日忙しく勉強をする気がしません。最近は成績も落ちてきてますます授業がつまらなくなってきました。中学を卒業してもどうしたらいいかわからずやる気もありません。友達ともお金のかかる付き合いはできません…。こんなMさん

> に対し、「自己責任」と言わないのはどういう理由からでしょうか。そして
> もし、Mさんに支援をするとしたら、何をしてあげればいいでしょうか。

支援リスト

> A. 所得保障（低所得のひとり親世帯向け＝児童扶養手当）
>
> B. 子どもの養育費の支援（児童手当など）
>
> C. 学校関係費の支援（給食費、修学旅行費、就学金、奨学金）
>
> D. 企業への雇用補助金（母子世帯の母親の雇用に対する助成）
>
> E. ひとり親世帯などに対する育児サービス
>
> F. 心身の問題に関する支援（相談など）
>
> G. 医療サービスの提供（または医療費の軽減）
>
> H. 無料（低額）学習塾
>
> I. 児童館・子ども広場
>
> J. 教師、保育士、児童館職員などに対する講習会

各班の選択結果

X組の板書

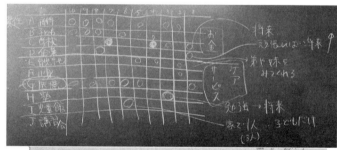

**Y組の生徒の
ノート**

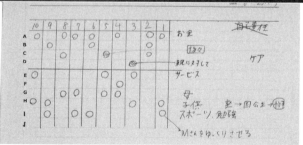

生徒による意見交換（X組の場合）（以下、教は教師、生は生徒）

教：この表に、横線を1本引くなら、どこに入れますか？

生1：DとEの間だと思います。

教：理由は何ですか？

生1：Dまではお金です。E以降は…サービスだと思います。

教：そういう視点で見ると、多くの班がお金とサービスのバランスを考えて選択をしていることがわかりますね。

教：この中で、変わった選択をしている班がありますが、それはどこですか？

生2：8班は、すべて金銭です。

教：では8班の人、誰か理由を述べて下さい。

生3：お母さんが忙しいのは、お金がないからで、お金があれば母は働きに出なくてもよく、病気にならず、弟や妹の面倒も見ることができ、Mも勉強できる。だからお金があればすべて解決する。

教：お金にも色々な選択肢があるけれど、AやBでなくDを選んだ班の理由を聞かせて下さい。

生4：働いていれば、将来もっと給料があがる可能性がある。

生5：タダでもらうお金より、働いてもらうお金なら恥ずかしくない。

教：Cを選んだ班は、どうして？

生6：学校に行くためのお金は、将来につながる。

生7：学校の分のお金は、必ず本人のために使われる。

教：なるほど。お金が実際に誰に使われるかに目をつけたんだね。（親が使い込むことを警戒している？）

生8：でも、こうやって学校でお金を払う人と払わない人がいたら、払わない人は肩身が狭いと思う。

教：なるほど。そう考えると8班の選択も一理あるかも。

教：医療費、結構人気だけど、なぜ？

生9：まずお母さんが元気にならないと、どうにもならない。

教：塾を選んだのは？

生10：勉強ができれば、将来お金の稼げる職業につくことができる。

5班：でも、弟や妹の面倒をみなければならないんだから、塾よりもEの方
　　が、意味がある。

教：2班が心身の支援を選んだのはなぜ？

生11：どんな条件が整っても、やる気が起きなければ無駄だから、やる気
　　を持ってもらうのが一番

※補足：クラスにより様々な組み合わせがあったが、どのクラスでもJを選ん
だ班はなかった。

　このような活動を経て、最後に公正な社会とはどのような社会であるか、発
言させた。

> 公正な社会とは＿＿＿＿＿＿＿＿＿＿＿＿社会である。

生徒は次のように発言した。

a：社会主義のような（それは、貧富の差があまりない、ということですか？　と
　　フォロー）

b：本人の努力が実を結ぶ

c：すべてのひとが、努力ができる環境にいられる

d：生まれは関係ない

e：本人のことのみが左右する

f：抵抗なく援助を受けられる

g：将来が幼少期によって左右されない

h：地アタマで勝負できる

　まとめとして、A〜Jどの項目が、社会権で学んだ生存権・勤労の権利・教
育を受ける権利、のどれが具体化されているかを解説し、最後に次のような話
でしめくくった。

　「今、ニュースなどでは情けない大人の話がたくさん出てきます。でもね、
大人の中には地方自治体の制度を色々と整えようと努力する人もいるし、子ど
も食堂を自前でやったりする人もいる。世の中には「公正な社会」を作ろうと
頑張っている人がたくさんいます。どうか皆さんも、将来、「公正な社会」が
どのような社会かを考え、それに近づける社会を作っていってください。」

3．授業構成の視点

　このような問題提起型の授業を行う場合には、事前に次のような視点を持って授業を組み立てる必要がある。

> ①なぜ、そのことが「問題」なのか。
> ②どういう場合に発生しやすいのか。
> ③その要因はどこにあるのか。
> ④どのような対策を行えばそれが改善されていくのか。

　活動を通じて、他の事象に対しても応用できる見方や考え方を育成していくことが目的である。そこで、考える手順や、その前提となっている暗黙の了解を意識化しなければならない。

　本実践は、1時間という制約のため、①については資料より理解することができた。②についてもひとり親家庭で起こりやすいということを資料より読み取った。しかし③や④についての考察は不十分であった。

　③については、次のような視点で授業を構築する必要があった。

　1点目は、生徒3の発言についてである。生徒3は、母が「お金を稼ぐことと弟妹の面倒を見ること」を、両方担っていることを指摘している。ここで「お母さんは自分と子ども3人計4人分の生活費を稼ぎ、かつ弟や妹の世話をしているんですね」と発言の意味づけをして、「ケア労働をする者はそこに時間をとられ生活費を稼ぐ時間が十分にない」ことに気づかせる必要があった。この発言は、「子どものケアを担う者＝依存される者」は、「自立できない存在」であり、「その生存のために自立した者を必要とする」という二次的依存の気づきそのものであった。また、生徒10に続く5班の発言は、ヤングケアラーにつながる視点でもある。

　2点目は、生徒4の「もっと給料が上がる可能性」である。この発言に対して、「母のこの可能性については、他の意見はありませんか」という発問によって、「働く日数が減って給料が減った、とあるから非正規と予想できる。正社員なら一定の保障があると思う」「母はケアによって労働時間が短いから非正規かも」「非正規なら給料はあがらないかもしれない」「正社員なら給料は

上がるのか」「どのような人が給料が高いのか」など、日本の雇用の特色すなわち長時間労働に対応可能な男性正社員の賃金が高いという実態が、ケア責任のある者にとって著しく不利なしくみとなっている視点を持たせる必要があった。これについては、非正規雇用者の男女比率や、男女別年齢別の賃金分布についての資料が有効である。

　３点目は、生徒９の「まずお母さんが元気にならないとどうにもならない」という発言である。これに対して「お母さんの代わりはいないのでしょうか」「だとしたらお母さんの責任は重大ですね」「ではお父さんの代わりはありますか（もしかしたらお金？）」などの問いかけをしながら、家事サービスや育児サービスを、社会が供給する制度が乏しいことを指摘する必要がある。高齢者に対しては、日帰り・１泊２日のショートステイ、１週間やそれ以上のケアがあり、ケアの多くは外部化されている。しかし日本では、待機児童が多くみられるように子どものケアを外部委託する先は乏しい。家庭での保育が前提とされているのである。

　４点目は、生徒５や８の発言に潜む、社会権の理念や権利性について、再確認する必要があることである。生徒７の発言も、子どものためのお金を親が使い込んでしまう可能性を示唆していて、気になる側面もある。

　このようなプロセスを通して、日本社会の制度的枠組みが、「ケアを担当する半面、大黒柱として生活費を稼ぐ必要のない妻」と「生活費を稼ぐがケアを担わない夫」の二者１セット（いわゆるニコイチ）を前提としたしくみであり、そうでない場合には生存しづらい状況であることを理解することが大切である。それがないと、「個人の努力が足りないからこのようになった」という認識につながることが多い。また、「離婚しないようにする」「再婚しよう」などと、個人の自由を否定するような発想を持ってしまい、④の「問題の改善」に進むことができない。

　家事・育児・介護は、別の視点から見ると、労働力の再生産のことである。家事は日々の労働力の再生産、育児は将来の労働力の再生産、介護は使い終わった労働力のケアということもできる[3]。この再生産がうまくいかなくなると、労働力の供給に支障が出る。

　なお、中学生の段階で「④問題の改善」の考察を進めることは難しいが、校種が上がるにつれて、次のような課題を通して、社会のあり方を考えていく活動をすることが考えられる。このことから、社会の「しくみ」そのものがジェンダー平等となっておらず、正社員の夫と専業主婦の妻に有利になっている「しくみ」そのものへの気づきを促すことが求められる。

　問1　なぜ母は医療を安心して受けられないのか。
　　　答　日本の医療保険は正社員とその家族が入るという形で運営されており、非正規の場合は適用されない。国民健康保険となるが、保険料の支払いは、かなりの負担である。また日本の家計の平均値では、税負担よりも社会保険料負担の方が大きい側面がある。定率の社会保険料は、逆進性が強いことにも気づかせたい。
　問2　現在の日本では、子どもを養育する正社員は扶養手当を受けられるが、（このケースのような）非正社員のひとり親には支給されない。そもそも子育ての費用は誰が負担すべきものか。親なのか、勤め先なのか、国なのか、国であれば誰にどのように給付すべきか。関連して児童手当や児童扶養手当は、誰にどのように、いくら支給されているか。
　問3　多くの会社では、妻が一定所得以下であると妻の扶養手当が支給されるが、その意味するところは何だろうか。
　問4　入学のハードルが高く勉強にお金と時間が必要だが入ってしまえば卒業しやすいタイプの大学がいいか、ハードルが低いかわりに卒業が大変な大学の制度がいいか。入学のハードルが高いと入るための競争が発生し、塾に行くことができる子どもの方が有利となる。
　問5　税金が高くても、教育の費用がかからない制度がいいか、日本のように受益者負担の理念で大学の授業料を負担する制度がいいのか。
　問6　正社員で勤続年数が長いと給与が上がるタイプの制度はどのような人に有利か、逆にどのような人に不利か。
　問7　ケア責任のある人にとって働きやすい職場はどのような職場か。またどのような制度だと働きやすいか。

　これらの問い（テーマ）については、生徒の状況に応じて、教師が例示したものから選択する、○○について調べてみようとテーマを示唆する、問いそのものを生徒自身で考えるなどの方法が考えられる。指導案形式にまとめると次のようになる。

表1　指導案

第一次の目標
子どもの貧困に対する支援策を選ぶ、という活動を通して、学んだ知識を活用しながら、貧困の支援の具体的な方策を考える。その活動を通じて、社会権の３つの内容である生存権・勤労の権利・教育を受ける権利や、平等権、人間の尊厳といった、抽象的な概念を具体的に捉える力をつけさせる。同時に政策において、憲法理念がどのように生かされているのかを理解させる。その上で、公正な社会を実現させるための様々な努力が行われていることを理解し、自らも進んでそのような社会の実現に向けて参画していく態度を養う。その上で、現代社会を捉える見方や考え方の一つである「公正」についての理解を深める。

時間	具体的な学習活動	指導上の留意点
導入 20分	○「子どもの貧困」の、定義や実態について、知識と理解を深める。 ○事例について、共通理解を持つ。 ・本時の課題を伝える。	○聞きなれない言葉に対しては、具体例を出しながら、理解を深める工夫を行う。 ○統計を扱う際には、数学での学びについてもふれる。
展開 25分	○課題を指示し、まず自分の考えを持たせる。	○なぜ、「子どもの貧困」が自己責任ではないのか、既に習ったことではあるが、もう一度確認する。
	○班ごとに、自分の考えを発表させる。自分の意見を、根拠をもとに説明させる。また、友人の意見を聞くことによって、自分の見落としていた視点に気づき、物事を多面的・多角的に捉える場とする。 ○各班の意見を集約しながら、子どもの貧困に対しては、「お金」の他に、「子どもへのケア」「ケアをする者へのケア」「教育」「将来への職業生活への展望」などの要素があることに気づかせる。 ○意見の違いにふれながら、社会権に対する、より深い理解が進むよう、コメントを行う。	○選んだ支援策の異なるパターンに着目させながら、パターン分析の方法を提示する ○まず、個別に考える時間を確保し、その後、全体でアイデアを共有する。 ○他者の意見を否定することなく議論ができるような雰囲気をつくる。

| 5分 | ○「公正な社会とは、〜である」という文の作成・発表を通して、「公正」についての理解を深める。 | ○現在でも、様々な政策が行われており、また民間でも「子ども食堂」などの取り組みがあるなど、多くの人によって、より公正な社会をめざして努力が行われていることを強調する。 |

第二次の目標
　第一次の活動を経て、問1〜問7を例とする問いに対して班ごとに取り組み、現在の日本の制度が、どのような場合や状況の人にとって「生きやすい」状況であるかといった視点で意見を出し合う。すべての班が異なる課題に取り組む必要はなく、3つ程度の課題でもよい。問いに対する意見表明と質疑を行い、現在の制度は、ある特定の状況の人や家庭が有利になりやすい側面があることに気づき、公正の面からの評価を行う。

時間	具体的な学習活動	指導上の留意点
導入 10分	○テーマを選び、班ごとに議論をして発表内容をまとめる。	○テーマについては、学級の状況に応じて、柔軟に対応する。
展開 35分	○班ごとにテーマについての意見を発表し、賛成意見や反対意見を共有する。	○同じテーマについての意見をまとめた班を順次発表させる。全体で質疑を行ったり、改めて各班での意見交換を行ったりして、考えを深める。
まとめ 5分	○自分の担当したテーマ以外の発表テーマについて、コメントを書く。	

4．おわりに

　このように、子どもの貧困についての考察は、ジェンダー視点を欠かすことができない。活動を通して、社会の「しくみ」の中に埋め込まれているバイアスに気がつくことは、社会のあり方や自身の生き方を選択していく上で、よりよい判断につながるのである。

注
1) 内閣府HPより　https://www5.cao.go.jp/j-j/wp/wp-je09/09b03020.html（2022年9月2日閲覧）
2) es-incHPより　https://www.es-inc.jp/graphs/2021/grh_id011088.html（2022年9月2日閲覧）
3) 瀬知山角（2001）『お笑いジェンダー論』勁草書房

［参考文献］
阿部彩（2014）『子どもの貧困を考えるⅡ―解決策を考える―』岩波書店
升野伸子（2018）「支援策を選ぶ活動を通じて、『公正な社会』について考える」『社会科教育』2018年10月号、明治図書出版

あとがき

　先日、ある研修会で女性の方に質問された。職場に来客が来てお茶を入れる必要があると、男性がお茶を入れて欲しそうに自分を見るのだと。そのお話をされた方は職場で若手となる20代などではなく、社会的にも中堅以上のポジションである。自分より若い男性がいるにもかかわらずこちらを見るので、職場で波風を立てないようにそれを断るためにはどうすればよいのかというものであった。

　今だったら、そのようなことに理解を示す人にこの話をして、男女問わずそれはおかしいと共感してくれる仲間を増やし、職場の雰囲気を徐々に変えていくのはどうですかと答える。しかし、その時、私はそう言わなかった。「なぜ私ですか」「私ではなく若い人に言ってください」と言ったらどうですか。嫌われても次の世代の女性たちがそのような目に遭わないように職場で波風を立てて、あなたが捨て石になる覚悟も必要かもしれません、というようなことを言ったと思う。質問された方は職場の調和を大事にされたい方だったので、この意見はきっと採用されなかったであろう。

　目に見える差別はなくなっても、こうした状況はまだまだ女性の身の回りで残っている。日本社会や職場での習慣、雰囲気を変えるには、本当に嫌になるほど多大なエネルギーと労力がいる。しかし、私たちは過去の歴史から、女性が、当事者が、「嫌だ」「おかしい」と声をあげることで、社会が次第に変化してきたことも知っている。女性参政権しかり、セクシャルハラスメントしかり。私は、女性というだけで不当な扱いを受けた女性がそれを克服していこうとした努力を知り、その恩恵を今の私たちが受け取っていることを理解し、そのことをさらに次の世代の人たちに伝えていきたいと思う。

　この本も、そうした女性であることに伴う葛藤の産物である。世界には家父長制や男性優位な考えがまだまだ残っている。日本もジェンダーギャップ指数は低いままである。日本や世界のジェンダー平等学習の動きに本書が加わることができたらこれほど幸せなことはない。

　本書の刊行では明石書店の森富士夫さんにお世話になった。ここに記して感謝の意を伝えたい。

國分 麻里

　本研究は、國分麻里（研究代表）「協同で考える教科横断的なジェンダー平等学習」2020 ～ 2022 年度科学研究費補助金（20K02581）の助成を受けたものである。

執筆者一覧

第 1 章　金　玹辰（筑波大学）

第 2 章　梅田 比奈子（玉川大学）

第 3 章　片岡 千恵（筑波大学）、泉　彩夏（鳴門教育大学、筑波大学大学院）

第 4 章　田中 マリア（筑波大学）、細戸 一佳（帝京大学）、宮本　慧（筑波大学大学院）、
　　　　 馮　楠（筑波大学大学院）

第 5 章　國分 麻里（筑波大学）

第 6 章　荒井 雅子（立教新座中学校・高等学校）

第 7 章　熊本 秀子（湘南白百合学園中学・高等学校）

第 8 章　石本 由布子（茨城県立並木中等教育学校）

第 9 章　塙　枝里子（東京都立農業高等学校）

第10章　升野 伸子（筑波大学附属中学校）

コラム　小林 亜唯（元北海道中学校教諭）

※所属は 2023 年 2 月現在のもの

編者略歴

國分 麻里（こくぶ まり）

専門は社会科教育学・歴史教育・朝鮮教育史・ジェンダー。博士（教育学）

2008 年筑波大学大学院博士課程人間総合科学研究科学校教育学専攻修了。

2010 年より筑波大学教員。

主要著書：

『女性の視点でつくる社会科授業』学文社、2018、共編著

『交流史から学ぶ東アジア―食・人・歴史でつくる教材と授業実践―』明石書店、
2018、共編著

『植民地期朝鮮の歴史教育―「朝鮮事歴」の教授をめぐって―』新幹社、2010、単著

女性の視点でつくるジェンダー平等教育
――社会科を中心とした授業実践

2023 年 3 月 25 日　初版第 1 刷発行

編著者	國 分 麻 里
発行者	大 江 道 雅
発行所	株式会社 明石書店
	〒101-0021　東京都千代田区外神田6-9-5
電　話	03（5818）1171
ＦＡＸ	03（5818）1174
振　替	00100-7-24505
	http://www.akashi.co.jp
装丁	明石書店デザイン室
印刷・製本	モリモト印刷株式会社

（定価はカバーに表示してあります）　　　　　　　　　ISBN978-4-7503-5553-5

書籍一覧

（右段上部）

ホワイト・フェミニズムを解体する
インターセクショナル・フェミニズムによる対抗史
カイラ・シュラー著　飯野由里子監訳　川副智子訳
●3000円

ジェンダー研究が拓く知の地平
東海ジェンダー研究所記念論集編集委員会編
●4000円

女性研究者支援政策の国際比較 日本の現状と課題
河野銀子、小川眞里子編著
●3400円

本気で女性を応援する女子大学の探求
甲南女子大学の女性教育
野崎志帆、ウォント盛香織、米田明美編著
●1800円

同意 女性解放の思想の系譜をたどって
ジュヌヴィエーヴ・フレス著　石田久仁子訳
●2000円

ジェンダーと政治理論 インターセクショナルなフェミニズムの地平
メアリー・ホークスワース著
新井美佐子、左髙慎也、島袋海理、見崎恵子訳
●3200円

トランスジェンダー問題 議論は正義のために
ショーン・フェイ著　高井ゆと里訳　清水晶子解説
●2000円

フランスに学ぶジェンダー平等の推進と日本のこれから
パリテ法制定20周年をこえて
冨士谷あつ子、新川達郎編著
●2800円

（左段下部）

ジェンダーについて大学生が真剣に考えてみた
あなたがあなたらしくいられるための29問
佐藤文香監修　一橋大学社会学部佐藤文香ゼミ生一同著
●1500円

女性の世界地図 女たちの経験・現在地・これから
ジョニー・シーガー著
中澤高志、大城直樹、荒又美陽、中川秀一、三浦尚子訳
●3200円

フランスの同性婚と親子関係 ジェンダー平等と結婚・家族の変容
イレーヌ・テリー著　石田久仁子、井上たか子訳
●2500円

ノンバイナリーがわかる本 he でも she でもない、they たちのこと
エリス・ヤング著　上田勢子訳
●2400円

図表でみる男女格差 OECDジェンダー白書2
今なお蔓延る不平等に終止符を!
OECD編著　濱田久美子訳
●6800円

国際セクシュアリティ教育ガイダンス[改訂版] 科学的根拠に基づいたアプローチ
ユネスコ編　浅井春夫、艮香織、田代美江子、福田和子、渡辺大輔訳
●2600円

ジェンダーで読み解く北海道社会 大地から未来を切り拓く女性たち
北海道ジェンダー研究会編
●3200円

交流史から学ぶ東アジア 食・人・歴史でつくる教材と授業実践
高吉嬉、國分麻里、金玹辰編著
●1800円

〈価格は本体価格です〉